DICTIONNAIRE GRAMMATICAL DU MAUVAIS LANGAGE

This edition published by Lector House in 2024

ISBN: 978-93-5800-961-3

Lector House LLP
Registered Office: H. No. 96, Block C, Tomar Colony,
Burari, Delhi – 110084, India
info@lectorhouse.com
www.lectorhouse.com

DICTIONNAIRE GRAMMATICAL DU MAUVAIS LANGAGE

ÉTIENNE MOLARD

2024

LECTOR HOUSE LLP

DICTIONNAIRE GRAMMATICAL DU MAUVAIS LANGAGE,

OU
RECUEIL

Des expressions et des phrases vicieuses usitées en France, et notamment à Lyon.

«Il est nécessaire d'étudier les défauts de langage et de prononciation qui sont particuliers à chaque province et quelquefois même aux villes qui se piquent le plus de politesse, pour les faire éviter aux enfants.»

Rollin, Traité des études.

PAR ÉTIENNE MOLARD,

Instituteur.

Avertissement.

L'épigraphe qu'on a mise à la tête de ce petit ouvrage en fait connoître le but, en prouve l'utilité, et le succès des deux premieres éditions la confirme. Si, malgré leur imperfection, elles ont eu un si heureux débit, que ne doit-on pas espérer de celle-ci, qui a été revue avec soin, et qu'on a augmentée de plus d'un tiers? On y trouvera la solution de plusieurs difficultés qui ne sont éclaircies dans aucune grammaire; on a assigné, autant qu'on l'a pu, l'étymologie des locutions vicieuses; on y a inséré quelques anecdotes qui tiennent au sujet; enfin, on n'a rien négligé pour que cette brochure devînt élémentaire et fût un juge sûr de toutes les discussions qui peuvent s'élever en matiere de langage.

L'art de la parole est l'interprête de nos pensées et de nos affections; il est le lien le plus essentiel de la société, comme il en est le plus bel ornement. Si les langues distinguent les nations entr'elles, la maniere de parler la sienne annonce la société qu'on fréquente. Celui qui réunit l'exactitude à l'élégance, prouve qu'il a cultivé son esprit, et qu'il a vécu dans un monde choisi: il parle, et la persuasion coule de ses levres; au contraire, celui dont la prononciation est vicieuse, celui qui défigure la langue par l'abus et l'impropriété des termes, qui dénature les mots dans quelques-unes de leurs syllabes, qui leur donne un genre et un nombre qui n'est pas le leur, choque l'oreille, en affichant son ignorance. Je dis plus, la pureté du langage fait présumer celle du cœur. Parmi les objets de l'enseignement le talent de la parole doit donc tenir un rang distingué. La langue française qui a, par dessus toutes les autres, l'avantage d'être devenue universelle; avantage, dit M. de Laharpe, qu'elle doit au grand nombre de ses bons écrivains et à la supériorité de notre théâtre, mérite particulierement nos soins. Elle est l'organe de la politique et de la vérité dont elle a la marche simple et naturelle: la clarté et la netteté qui lui sont propres en ont fait l'idiome des sciences et des arts.

Un écrit dont le but est d'épurer notre élocution doit être favorablement accueilli. Lyon, il faut en convenir, soutient mal, dans son langage, la brillante réputation que son commerce et son industrie lui ont acquise. Si nous quittons nos foyers, on devine notre patrie à notre prononciation traînante et à quelques mauvaises expressions qui nous sont particulieres. L'objet de cet ouvrage est de rendre ce reproche injuste à l'avenir. Passons à l'utilité du Dictionnaire qu'on offre au public.

Quelque grand que soit le nombre des vocabulaires, il n'y en a point qui remplisse le but qu'on se propose dans celui-ci. Tous sont destinés à nous faire connoître la signification des expressions consacrées par le bon usage; aucun ne nous apprend que tel mot usité n'est pas français, et qu'il faut lui en substituer tel autre; aucun ne nous avertit que nous parlons mal; aucun, en un mot, ne nous conduit de l'erreur à la vérité, et dans le doute, nous n'avons pas de moyen de l'éclaircir.

D'ailleurs, dans les Dictionnaires, on considere les mots pris séparément, sans aucun rapport à la syntaxe. Dans celui-ci, non seulement on releve les mots surannés ou altérés dans leur forme, leur genre et leur nombre, mais encore les tournures incorrectes et contraires au génie de notre langue; les fautes échappées à nos meilleurs écrivains, fautes qu'il est d'autant plus important de faire connoître, que la réputation de ceux qui les ont commises, leur imprime, pour ainsi dire, un caractere de perfection.

Il est encore un avantage qui semble appartenir exclusivement à ce recueil. On y désigne les mots qui sont employés dans une acception qu'ils n'ont jamais eue. On sait que les mots sont, aux yeux des grammairiens philosophes, les signes des choses, comme la monnoie est le signe de la valeur; et les erreurs du premier genre ont été plus fatales que celles du dernier. C'est, faute de donner aux enfans une juste idée des termes, qu'ils portent des jugements faux; c'est l'ignorance de la véritable signification des mots qui fait naître et éternise les disputes. Si les jeunes gens avoient des termes de notre langue une idée aussi précise que de nos chiffres, ils seroient aussi sûrs de la justesse de leurs raisonnemens que les géometres le sont de l'exactitude de leurs calculs.

Enfin, s'il est vrai que rien ne rapproche plus les esprits et les cœurs que la facilité de s'entendre, il est à désirer qu'il n'y ait qu'un seul langage dans toutes les divisions de la France, et c'est en mettant sous les yeux le tableau des expressions défectueuses qui leur sont particulieres, qu'on peut espérer d'y parvenir.

Tels sont les motifs qui ont déterminé l'Auteur à s'occuper de ces recherches, fastidieuses sans doute, mais que sa profession lui a rendues faciles. Si son livre est utile, il n'oubliera pas qu'il est redevable d'une partie de son succès, aux lumieres d'un savant grammairien, dont tous les loisirs sont des titres à la reconnaissance de la jeunesse et des trésors pour ceux qui se vouent à l'enseignement de la langue française. M. Morel, membre de l'Institut national, lui a communiqué les observations qu'il avoit faites sur les deux premieres éditions, et il les a répandues dans celle-ci, pour la rendre plus complette. En se livrant à un travail aussi ingrat, il a moins consulté son amour-propre que l'intérêt de ses concitoyens. Des écrivains supérieurs n'auroient jamais voulu s'occuper d'un ouvrage où il y a tant de dégoûts à dévorer, et si peu de gloire à recueillir.

Comme les Lyonnais ont non seulement une prononciation traînante, mais encore vicieuse, l'Auteur a joint à ce Dictionnaire un abrégé des regles de notre prosodie, afin qu'on puisse, aidé du secours de son livre, éviter des fautes qui décéleroient une ignorance grossiere. Ce précis sera suivi d'une fable du même auteur, dans laquelle il indiquera, par des signes connus, les longues et les breves, et la nature des sons sur lesquels l'erreur est commune. Ces principes seront plus développés dans un ouvrage, dont l'Auteur s'occupe, et qui aura pour titre: *l'Art de lire en société*.

Contents

PRÉCIS DES REGLES DE LA PROSODIE.

DICTIONNAIRE GRAMMATICAL DU MAUVAIS LANGAGE.

OU

RECUEIL

***DES** expressions et des phrases vicieuses usitées en France, et notamment à Lyon.*

A.

À. Cette préposition est souvent employée deux fois pour un même régime ou complément[1], et c'est alors une faute. Boileau, si rigoureux observateur des regles de la langue françoise et du goût, a fait un solécisme dans le premier vers d'une de ses plus belles épîtres:

C'est à vous, mon Esprit, *à qui* je veux parler.

Pour rendre la phrase réguliere, il faudroit dire: c'est à vous, mon esprit, que je veux parler, en retranchant la seconde préposition qui tombe sur le même régime. Par la même raison, l'on ne doit pas dire: c'est à toi *à qui* je parle, mais c'est à toi *que* je parle; ni c'est à vous à qui j'en veux, mais c'est à vous que j'en veux; c'est comme si l'on disoit: j'en veux à vous.

Abajoue. Partie de la tête du cochon, depuis l'œil jusqu'à la mâchoire; dites, *Bajoue*, s. f.

Abandon. Acte par lequel un débiteur transmet à ses créanciers la propriété de ses biens; dites, *Abandonnement*. L'abandon est l'état d'une personne ou d'une chose délaissée: il a fait l'*abandonnement* de tous ses biens à ses enfans, et ses enfans le laissent dans l'*abandon*. En un mot, l'*abandonnement* est un acte; l'*abandon* n'est qu'un état passif.

Aboucher. *S'aboucher*; pour se pencher en avant. *Aboucher* signifie se rencontrer dans un même lieu, pour conférer ensemble ou bouche à bouche; mais ce mot ne signifie jamais se pencher en avant. Ne dites pas non plus, tomber *à bouchon*, mais tomber sur le ventre ou sur le visage. Cette expression manque à notre langue; on ne peut en exprimer la signification que par une périphrase.

Abstrait. Un homme qui ne fait pas attention à ce qu'on dit ou à ce qu'on fait; dites, *distrait*. On confond, mal à propos, ces deux mots. Le mot *abstrait* exprime une qualité considérée à part: la bonté est un terme *abstrait*; un homme est *abstrait*, quand il est tellement occupé d'un objet, qu'il ne voit pas ce qui se passe autour de

[1] On appelle *régime* un mot gouverné par un autre.

lui: Archimede étoit *abstrait*, lorsqu'on faisoit le siége de Syracuse, et qu'occupé à tracer des figures géométriques, il ne s'appercevoit pas que l'on prenoit la ville. Un homme est *distrait* quand, sans être occupé, il ne voit rien, ne fait attention à rien. Cet homme dont parle M.me de Sévigné, qui, ayant versé dans un fossé, disoit à ceux qui venoient lui donner du secours: Messieurs, qu'y a-t-il pour votre service? étoit un homme *distrait* dans toute l'étendue du mot. C'est la distinction que l'abbé Girard établit dans ses synonymes.

À cacaboson. Se mettre à *cacaboson*; se tenir dans une posture où la plante des pieds touchant à terre, le derriere touche presque aux talons; dites, se mettre à *croupeton*.

Accompagneur. Celui qui accompagne, lorsqu'on fait de la musique; dites, *accompagnateur*, s. m.

Accoucher. Mettre un enfant au monde: cette femme a accouché; dites, cette femme est accouchée. Le chirurgien accouche; la femme est accouchée. Dans le premier cas, le verbe est actif; dans le second, il est neutre.

À celle fin que. Dites, *afin que*.

À cha un; *à cha deux*. Pour dire, *un à la fois*, *deux à la fois*. Autrefois on disoit, *chas deux*, *chas trois*; ce qui tombe deux à deux; trois à trois.

Achis. Mets composé avec de la viande ou du poisson. Ce mot s'écrit et se prononce avec une *h* aspirée. Dites, un bon *hachis*. L'*achis* est une plante.

Acquérir. Obtenir à prix d'argent ou de toute autre maniere. L'*e* doit être prononcé d'une maniere fermée, et marqué d'un accent aigu; dites donc, *acquérir*, *acquéreur*. Acquérir est un verbe[2] qui prend deux *rr* au futur et au conditionnel: j'acquerrai, j'acquerrois.

Aculer. Il se dit des bottes, des souliers qui s'abaissent par derriere, sur le talon; dites, *éculer*: *éculer* son soulier. *Acculer* signifie pousser quelqu'un, le réduire en un coin: il l'a *acculé* contre le mur.

Affranchissage. Payer l'affranchissage d'une lettre; dites, l'*affranchissement*, s. m.[3].

Agacin. Espece de calus ou de dureté; dites, *cor*, s. m.: avoir des *cors* aux pieds.

Age; *agé*. Dans ces deux mots l'*a* est fort ouvert, et prend l'accent circonflexe, *âge*, *âgé*. Il est long sans accent dans sable, table, fable, rable, diable, délabrement,

[2] On appelle verbe un mot qui lie le sujet à l'attribut, en affirmant que telle qualité convient ou ne convient pas au sujet. *La terre est ronde.* Les deux premiers mots forment le sujet; le mot *est* lie la qualité exprimée par le mot ronde. Tous les autres verbes renferment le verbe être.

[3] On appelle substantif un mot qui désigne le nom d'une substance réelle ou imaginaire.

etc.

Agi. Il *en a* mal *agi* avec moi; dites, il *en a* mal *usé* avec moi. On *use* de quelque chose; on *en use*; mais on n'*agit* pas de quelque chose; on n'*en agit* pas.

Agotiau, s. m. Espece de pelle creuse, à rebords, dont on se sert pour vider les bateaux; dites, *écope*, s. f.: ce batelet fait eau; il faut le vider avec une *écope*.

Aiguiser, v. Rendre pointu, rendre tranchant; prononcez l'*u* et l'*i*, qui forment une diphtongue, comme dans *aiguille*: *aiguiser* un couteau.

L'un sait d'un trait piquant *aiguiser* l'épigramme.

Boileau.

Ails, s. m. pl. Espece d'oignons d'une odeur très-forte. On dit souvent: craignez-vous les *ails*? Ce substantif et presque tous ceux qui finissent en *ail* et en *al*, changent au pluriel cette terminaison en *aux*, et le mot dont il s'agit fait *aulx*: on a mis des *aulx* dans cette salade; on peut dire aussi, des *ails*; cependant je conseille d'employer de préférence le singulier. *Camail*, *détail*, *sérail*, *éventail*, *mail*, etc. ne sont point soumis aux principes que nous venons de poser; ils ne changent point leur terminaison au pluriel; ils ne prennent que l'*s*.

Ainsi, *par conséquent*. Ces deux mots réunis forment un pléonasme vicieux; c'est-à-dire, que ces deux termes disent la même chose; l'un des deux suffit.

Air. Aller grand *air* et belle manière; dites, grand'*erre*; ce mot est féminin. On doit dire, aller grand'*erre*, pour dire, faire trop grande dépense.

Air. Cette femme à l'*air bonne*. Il y a un solécisme dans cette proposition; car le mot bonne se rapportant, ou devant se rapporter au substantif *air*, qui est du genre masculin, il faut dire l'*air bon*: elle a *l'air bon*, et cependant elle n'est pas *bonne*. Dans la derniere proposition, l'adjectif[4] *bonne* est en rapport avec la personne ou le sujet qui est du genre féminin; au lieu que dans la premiere, *bon* se rapporte au mot *air*.

La vertu toute nue a l'*air* trop indigent;
Et c'est n'en avoir point que n'avoir point d'argent.

En 1792, il y eut un pari de cent louis, sur la question de savoir s'il falloit dire: cette soupe *a l'air bonne*, ou cette soupe *a l'air bon*, M. de Laharpe fut pris pour juge; et M. Domergue nous apprend que cet Académicien jugea qu'il falloit dire: cette soupe *a l'air bonne*. M. Morel, qui m'a communiqué cette anecdote, ajoute: «Je ne connois pas les raisons de M. de Laharpe; j'imagine pourtant qu'il a dû faire une distinction entre *avoir l'air bon*, et *avoir un air bon*; *avoir l'air bon* signifie, *paroître bon*, en latin *videri bonus*; *avoir un air bon* se rendroit par *præbere faciem, speciem bonam*. Dans le premier de ces exemples, *bon* qualifie le sujet, et dans le second, il qualifie l'objet, *faciem*, *speciem*. Quand je dis: cette

[4] On nomme adjectif un mot ajouté au substantif pour en exprimer la qualité.

femme *a l'air bonne*, c'est comme si je disois: cette femme *a l'air d'être bonne*, ou *paroît bonne*, ou *paroît être bonne*. Le mot l'*air*, dans *cette femme a l'air bonne*, est pris dans une acception étendue; dans *a un air bon*, au contraire, le mot *air* est pris dans une acception restreinte, au moyen de l'adjectif *un*. Je crois donc, pour les raisons que je viens d'exposer, qu'il faut dire: cette femme *a l'air bonne, spirituelle*; cette soupe *a l'air bonne*, et qu'il seroit ridicule de dire que la femme *a l'air bon*, spirituel, et que la soupe *a l'air bon*.»

Malgré ces deux autorités respectables, je persiste à croire que *bon* qualifie *air*; car j'attribue la bonté à l'*air*, et non pas au substantif *femme*; et les explications qu'on a données me paraissent forcées. Dans cet exemple, l'*air* signifie l'extérieur, les manieres; on doit donc dire: elle a l'*air décent*, comme on dirait: elle a l'*extérieur décent*.

C'est encore une faute de dire, cette personne donne *d'air* à telle autre. Le mot *air* signifie bien quelquefois ressemblance; on dit: ce jeune homme a l'air de son pere; mais il paroît absurde de dire: il *donne d'air* à son pere. Cette expression signifieroit toute autre chose.

Airé. Qui est en plein air. Il se dit particulierement d'un bâtiment: cette maison est bien *airée*; dites, *aérée*, en mettant un accent aussi sur le premier *e*. Ce qui a donné lieu à la corruption de ce mot, c'est qu'on le fait dériver du mot *air*, au lieu que les grammairiens veulent qu'on le prononce comme *aer*, qui signifioit la même chose chez les Latins. Nous avons adopté cette prononciation dans tous les mots qui en sont formés, tels que *aérien*, qui est d'air: un corps *aérien*; *aérometre*, instrument pour mesurer l'air; etc.

Ais à chaplu. Petite table sur laquelle on hache les viandes et les herbes; dites, *hachoir*, s. m. L'*h* est aspirée, c'est-à-dire, qu'elle tient lieu de consonne, et ne souffre ni liaison de consonne, ni suppression de voyelle: servez-vous du *hachoir*.

Alentours. Dites, les *entours* de la place, et, je me suis promené *à l'entour*. *Entours* est un substantif; *à l'entour* est une expression adverbiale.

Alicant. Petite ville d'Espagne. Vin *d'Alicant*; dites, vin d'*Alicante*.

Aller. *Je m'en y vas*, ou *je m'en y vais*, sont des expressions vicieuses et très-souvent employées; dites, *j'y vais* ou *j'y vas*, en supprimant le mot *en*. Il ne faut pas dire non plus: *je m'en vais* ou *je m'en vas le trouver*, mais *je vais* ou *je vas le trouver*. Il seroit plus régulier de dire, *je vas*, puisque la seconde et la troisième personnes en sont formées. Ne dites pas, *aller de* pied, mais *aller à* pied. Ne dites pas non plus, j'ai plusieurs endroits *à aller*; on n'a pas *à aller* plusieurs endroits, on a *à aller en* plusieurs endroits. *S'en aller* est un verbe réfléchi, composé du pronom *se*, du nom elliptique *en* et du verbe *aller*. Dans les temps composés, le mot *en* doit être séparé du participe par l'auxiliaire: dites *je m'en suis allé*, et non *je me suis en allé*.

Almanach. Calendrier qui contient tous les jours de l'année. Il ne faut pas faire sentir le *ch*. Il faut prononcer *almana*, s. m. On dit proverbialement: j'ai beau dire la vérité; on ne prend plus de mes *almanachs*; c'est-à-dire, on ne croit plus ce que je dis.

Amadoue. Meche faite avec une espece de champignon; dites, *amadou*, s. m. sans *e* final: du bon *amadou*. Il y a une faute dans le second de ces deux vers:

> Le briquet frappe la pierre;
> L'*Amadoue* aussitôt prend.

Il falloit dire, *aussitôt l'amadou prend*.

Ambre. Arbrisseau dont les jets sont fort pliants et qui servent à lier; dites, *osier*: on attache un cercle avec de l'*osier*. L'*Ambre* est un parfum; mot dérivé de *ambra*, italien; *ambar*, espagnol.

Amandre. Fruit de l'amandier; dites, *amande*, s. f.: un lait d'*amandes*. *Amende*, punition, s'écrit par un *e*. Ces deux mots sont homonymes; c'est-à-dire, qu'ils ont une prononciation semblable.

Amasser. Prendre ce qui est à terre: j'ai *amassé* son gant; dites, *ramasser*. Le mot *amasser* signifie communément *faire un amas*: le bonheur de l'avare est d'*amasser* des richesses. *Ramasser*, c'est au sens littéral relever de terre: on *amasse* des trésors; on *ramasse* ce qui est tombé: il signifie aussi *rassembler*, et traîner dans une *ramasse*.

Amoureux. Cette fille aime bien son *amoureux*; dites, son *amant*. L'*amoureux* est celui qui aime sans être aimé ou même connu; il se dit des choses comme des personnes; l'*amant* est celui dont l'amour est partagé et approuvé.

Anche. Tuyau de bois, qu'on met aux cuves et aux tonneaux, pour en tirer le vin; dites, *cannelle* ou *canelle*: tirer du vin par la *canelle*.

Angoises, s. f. pl. Grande affliction d'esprit: les *angoises* de la mort; ce mot s'écrit et se prononce avec deux *ss*: ce malade est dans les dernieres *angoisses*.

Anille. Sorte de bâton, qui a, par le bout d'en haut, une petite traverse, sur laquelle les vieillards et les infirmes s'appuyent pour marcher; dites, *béquille*, s. f. Le mot *anille* est de l'ancien langage; on le trouve souvent employé dans les livres gothiques.

Année. Mesure de vin ou charge d'un âne; dites, *ânée*: une *ânée* de vin. Le mot *année* écrit par deux *n*, a la premiere syllabe breve, et signifie l'espace de douze mois. À l'égard de cette derniere signification, il ne faut pas dire, l'*année qui vient*, mais l'*année prochaine*.

Ansiere. La partie supérieure de certains vases ou de certains ustensiles, par laquelle on les prend pour les porter, et qui est ordinairement courbée en arc: dites, *anse*, s. f.: prendre un pot par l'*anse*.

Antichambre. Il y a un *antichambre*; dites, *une antichambre*. Ce mot est féminin, comme chambre dont il est composé. La préposition *anti* n'en change pas le genre.

Antipote. Celui qui habite un endroit de la terre diamétralement opposé à l'autre; dites, *antipode*. C'est un changement qui s'est fait par corruption.

Aoust. Le huitieme mois de l'année. On a adouci cette prononciation barbare; on ne fait plus entendre l'*a*, et on supprime l'*s*, en mettant un accent circonflexe sur l'*u*; prononcez, le mois d'*ou*, et écrivez le mois d'*août*. On fait toujours sentir l'*a* dans le mot *aoûter*, faire mûrir par la chaleur du mois d'*août*. Ce mois étoit consacré à Auguste, et en portoit le nom.

Ape. Morceau de fer pointu par un bout, percé de plusieurs trous, et recourbé de l'autre; dites, *crampon à patte*.

Aponse. Piece qu'on met à une robe ou à un meuble, pour l'agrandir ou l'*apondre*; dites, *alonge*, et *alonger*, au lieu d'*apondre*.

Apostiche, adj. Dites, *postiche*: des dents *postiches*; c'est-à-dire, ajoutées après coup.

Apparer. Dites, *recevoir*.

Appeser sur quelque chose. Dites, *appuyer*.

Appointer une boule. Dites, *pointer*: il *pointe* bien; il est bon *pointeur*. Ne dites pas non plus, *appoint*, mais *point*. Le premier est un terme de banque; *appointé* est un terme de guerre.

Aragnée. Dites, *araignée*, s. f. On disoit autrefois, *aragne*, du latin *aranea*.

Arboriste. Celui qui vend des simples; dites, *herbòriste*, s. m.: vous trouverez cette plante chez tous les *herboristes*. Arboristes a vieilli; on le trouve cependant dans Trévoux.

Arbouillures. Espece de petites élevures rouges, qui viennent sur la peau; dites, *échauboulures*, s. f.: son corps est couvert d'*échauboulures*.

Arçon de berceau. Dites, *archet*, s. m.

Arechal. Fil d'*arechal*; dites, fil d'*archal*. C'est la prononciation traînante des Lyonnois qui a fait trois syllabes de ce mot.

Arias. Obstacle, chose qui embarasse; dites, *embarras*, s. m. ou *obstacle*, s. m.: il a rencontré beaucoup d'*obstacles*.

Aricot, s. m. Plante dont les fleurs sont légumineuses; il s'écrit et se prononce avec une *h* aspirée: des *haricots* verts.

Arjolet. Petit bouton blanc, qui vient aux yeux; les médecins disent, *orgeolet*, et l'Académie dit, *orgueilleux*: il a un *orgueilleux* à l'œil, qui l'incommode beaucoup.

Arquebuse. Eau d'*arquebuse*; dites, eau d'*arquebusade*. L'arquebuse est une arme à feu.

Arraper; *s'arraper*. Ce mot vient d'*arripere*, ou *manu comprehendere*; il est gaulois; nos peres disoient, *arraper*, mais dans le sens d'empoigner; dites, *s'attacher*: la poix *s'attache* aux mains.

Arthes. Petits insectes; dites, *teignes*, s. f.: il y a bien des *teignes* dans cette armoire. L'encyclopédie dit, *artison*.

Assassineur. Dites, *assassin*. Le peuple dit quelquefois, il a commis un *assassin*, au lieu de dire, *assassinat*; et en fait de langage, il y a bien des gens qui sont peuple.

Assez. On prononce mal cet adverbe, en donnant à l'*e* le son d'un *e* ouvert; tandis que le *z* en fait toujours un *e* fermé, comme dans *nez*, *dez*.

Asthme. Celui qui a une infirmité qui consiste dans une grande difficulté de respirer en certain temps. Ce nom est celui de la maladie, et non celui du malade; dites, *asthmatique*: cet homme est *asthmatique*.

Auberge. Sorte de pêche; dites, *alberge*. Le fruit que nous nommons *auberge*, doit s'appeler *Pavie*; on ne prononce pas l'*e*. Ce substantif est masculin: *un bon pavie*; on dit aussi, *un bon pavi*.

Aucuns. Ce mot ne prend jamais de pluriel; il signifie *pas un*. Racine a fait une faute, en disant dans Phedre:

> *Aucuns* monstres par moi domptés jusqu'aujourd'hui,
> Ne m'ont acquis le droit de faillir comme lui.

Ce pronom indéfini prenoit autrefois le pluriel. On s'en sert encore ainsi dans les actes.

Auparavant. Mot qui marque priorité de temps: j'arriverai *auparavant* que vous y soyez, ou *auparavant* vous. Dans ces deux exemples, le mot *auparavant* est également déplacé; parce qu'il n'est ni préposition[5], ni conjonction[6]; il est toujours adverbe; il conserve, il est vrai, la même signification que la préposition *avant que*; mais il y a cette différence entre ces deux mots, qu'*auparavant*, en qualité d'adverbe, n'exige aucun mot après lui: je l'ai averti un mois *auparavant*; au lieu qu'*avant*, préposition, veut toujours après lui un mot en régime: j'arriverai *avant* lui. Si ce mot est conjonction, il est suivi, ou de la préposition *de*: on doit réfléchir *avant de* parler; ou de la conjonction *que*: il faut une longue expérience, *avant que* nous soyons en état de nous conduire par nous mêmes.

Auprès de. Ce n'est rien *auprès de* ce que vous allez voir; dites, *au prix de* ce que vous allez voir.

---

[5] Une préposition est un mot qui annonce le rapport d'une chose avec une autre.

[6] La conjonction est un mot qui sert à lier les mots ou les phrases.

Autant. Il est habile *autant* que vous, ou il est *autant* habile que vous; ces deux façons de s'exprimer sont contraires aux regles grammaticales; elles renferment un barbarisme de phrase; dites, il est *aussi* habile que vous. *Autant* ne se construit bien qu'avec un participe, ou quand il est suivi d'un autre membre de phrase: je l'estime *autant* que je l'aime.

Autant pour lui *comme* pour moi; Corneille a fait cette faute:

Qu'il fasse autant pour moi comme j'ai fait pour lui.

Il faut se servir de la conjonction *que*, au lieu de *comme*.

Auteron. Dites, *hauteur*, élévation, tas.

Auteur. Il est l'*auteur que* je manque ma fortune; dites, il est l'*auteur de* la perte, et non pas l'*auteur que* j'ai manqué ma fortune.

Auvent. On appelle ainsi une sorte, de fenêtre dont l'appui est en talus, afin que le jour, qui entre d'en haut, se communique plus facilement dans le lieu où elle est pratiquée; dites, *abat-jours*, s. m. À Paris les *abat-jours* se nomment *persiennes*. L'*auvent* est un petit toit en saillie, propre à garantir les boutiques de la pluie. Les *abat-jours* font paroître les marchandises plus belles.

Aval d'eau. Chûte d'eau impétueuse; dites, *avalaison* ou *avalasse*, s. f. Ces mots viennent de *avaler*, *dévaler*, qui signifient descendre.

Avaloir. Grand gosier. Ce mot est du genre féminin; dites, *une belle avaloire*. Expression familiere.

Avanglé. Dites, *avide*.

Avis. Ne prononcez pas l'*s*.

Ayant. On prononce mal ce verbe; l'*y* tient lieu de deux *i*; il en faut joindre un au premier *a*, comme si ce mot était écrit ainsi, *ai-iant*. Une faute plus remarquable, c'est de donner à ce verbe un gérondif, comme dans cet exemple: *en ayant* soin de ce meuble, il vous servira longtemps. Le verbe *être*, non plus, ne prend jamais devant lui la préposition *en*. Cette erreur est répandue dans plusieurs grammaires, sur-tout dans celles qui sont destinées aux étrangers.

B.

Babouine. Levre d'un animal; dites, *babine*, s. f.: les *babines* d'une vache.

Bacha. Pierre ou piece de bois creusée, qui sert à donner à boire aux chevaux et aux animaux domestiques; dites, *auge*, s. f.: donner à manger aux cochons, dans l'*auge*. Bacha ou Pacha est un titre d'honneur chez les Turcs.

Bacchanal. Grand bruit; ne dites pas, un grand *bacchanal*; ce substantif est féminin; dites, une grande *bacchanale*. Ce nom signifie plus particulierement une débauche faite avec grand bruit.

Bachut. Espece de coffre percé, qui sert à conserver les poissons; dites, *banneton*, s. m.

Bagard. Il s'est trouvé dans le *bagard*; dites, dans la *bagarre*, s. f.

Bague d'oreille. Dites, *boucle* ou *pendant* d'oreille.

Baiard. Civiere à bras, pour transporter; dites, *civiere*, s. f.

Baignoir. Vaisseau pour les bains privés; il ne faut pas dire, *un baignoir*, mais *une baignoire*. Le *baignoir* est le lieu où l'on baigne, mais non pas un vaisseau de bois, de tôle ou de cuivre.

Bailler aux corneilles; dites, *bayer*, du latin *badare*; ouvrir la bouche, ou rester la bouche ouverte d'étonnement; d'où l'on a fait, *bouche béante*.

Balan. Être en *balan*; dites, être en *balance*, en *suspens*.

Balayette. Dites, petit *balai*. Nous n'avons pas ce diminutif.

Balier, v. Ôter les ordures avec un balai; dites, *balayer*: *balayer* un appartement.

Balle. Panier d'osier: une *balle* de lessive; dites, un *panier* de lessive, ou *manne*. On appelle aussi manne, un grand panier en forme de berceau, où l'on couche les enfans.

Balouffe. Dites, *balle*; et au lieu de balouffiere, dites, *matelas de balle*.

Bambane. C'est un *bambane*; c'est-à-dire, un homme lent, indolent. Ce mot vient, peut-être, de *bambin*; les enfans se soutiennent mal; l'homme indolent aussi.

Bamboche. Sorte de pantoufle ou de mule de chambre, qui a un quartier de derriere; dites, *babouche*, s. f.: *babouches* rouges. *Bamboche* est une marionnette un peu plus grande qu'à l'ordinaire. Il se dit d'une personne de petite taille: cette femme est une *bamboche*.

Bancane, s. f. Il se dit populairement d'une femme, dans le même sens qu'on dit *bancroche*, en parlant d'un homme; c'est une personne qui a les jambes tortues; dites, *bancalle*, s. f.: elle est *bancalle* depuis sa naissance.

Baracan. Sorte de gros camelot; dites, *bouracan*: un manteau de *bouracan*. Ce mot ne se seroit-il pas corrompu, par sa conformité avec *baraca*, poil de bouc?

Barbot. Espece de poisson, et plante qui croît dans les blés; dites et écrivez, *barbeau*, s. m. La plante se nomme *bluet*. La finale *au* est plus longue que celle de *ot* au singulier.

Barbouillon. Mauvais peintre, mauvais auteur; dites, *barbouilleur*.

Bardaniere. Claie d'osier, dont on garnit les lits, pour prendre les punaises; dites, *claie*.

Bardoire. Dites, *hanneton*; l'*h* est aspirée.

Bareille. Sorte de gros tonneau; dites, *barrique*, s. f.: une *barrique* de vin, et par diminutif, *barriquet*. *Bareille* est une dénomination locale dont on est comme forcé de faire usage dans les endroits où elle est reçue. Les marchands disent, *barriquant*; et ce mot est français. On disait anciennement, *bouchel*.

Barette. Espece de petit tombereau; dites, *brouette*: une *brouette* de vinaigrier.

Barfouillon; *barfouiller*; *barfouillage*. Dites, *Barboteur*; *barboter*; *barbotage*. C'est l'action des Oies, par laquelle elles cherchent à manger dans des ruisseaux bourbeux, en y fourrant le bec. Au figuré, c'est mettre les mains dans l'eau, en l'agitant.

Barricolé. Peint de diverses couleurs et sans regle; dites, *bariolé*: un mouchoir *bariolé*.

Barriere. Clôture de fer qui est ornée, et qui, dans une maison, sépare les cours des jardins; dites, *grille*. Une *barriere* signifie ce qui sert de borne et de défense, ou un assemblage de planches, servant à fermer un passage: la *barriere* qui est devant la porte d'une ville.

Baste. Pan d'habit; dites, *basque*, s. f.

Batillon. Instrument de bois, pour laver le linge; dites, *battoir*, s. m.

Batillonner le linge. C'est encore une de ces façons de parler qui sont particulieres à certains pays: celle-ci signifie frapper le linge sale avec un battoir, qu'on appelle mal à propos *batillon*; il faut dire, *essanger* le linge; mais cette expression est peu connue; elle signifie proprement laver le linge sale, avant de le mettre dans le cuvier à lessive.

Battre comme emplâtre. Dites, battre *comme plâtre*; expression proverbiale.

Batture. Querelle où il y a des coups donnés; dites, *batterie*, s. f.: il fut tué dans une *batterie*. Ce mot signifie plusieurs choses. Il se dit de plusieurs pieces de canons et de mortiers disposés pour tirer contre l'ennemi. On dit figurément, qu'un homme dresse de bonnes *batteries*, pour dire qu'il employe de puissants moyens pour réussir dans une affaire. On appelle aussi *batterie*, la piece d'acier qui couvre le bassinet des armes à feu, et contre laquelle donne la pierre qui est au chien. *Batterie* se dit encore de la maniere de battre la caisse. On nomme *batterie* de cuisine, les ustensiles qui servent à la cuisine.

Baucher une boule. La déplacer par une autre. Je ne connois que le mot *tirer* ou *débuter* qui puisse remplacer cette expression: c'est un bon *tireur*. Je pense que le mot *baucher* vient de *bachari*, *debachari*, qui signifient ôter de sa place, au sens propre; dont on a fait débaucher, débauche, au sens figuré.

Bécasson. Sorte de bécassine; dites, *bécasseau*, s. m.

Becfi. Petit oiseau qui se nourrit ordinairement de figues, et qui est très-délicat au manger; dites, *becfigue*: manger des *becfigues*.

Beche. Petit bateau. Ce mot désigne les *bateaux* qui sont sur la Saône, et qui sont couverts d'une toile; dites, *batelet*, s. m.: passer la riviere dans un *batelet*.

Bechée. Ce qu'un oiseau prend avec le bec pour donner à ses petits; dites, *becquée*, s. f.: cet oiseau porte la *becquée* à ses petits.

Bege. Linge *bege*; dites, linge *bis*.

Begue; *il begue*. Dites, *il bégaye*. *Begue* est adjectif: un homme *begue*. *Bégayer* est verbe.

Belsamine. Fleur; dites, *balsamine*. L'*s* se prononce comme un *z*; ce qui est une exception à la regle générale qui veut que l'*s* entre une voyelle et une consonne ait le son fort.

Benier. Artisan qui fait des boisseaux et divers ustensiles de bois, servant au ménage; dites, *boisselier*, s. m.: embrasser le métier de *boisselier*.

Bénit. Le verbe *bénir* a deux participes[7]; l'un, *bénit*, *bénite*, pour les cérémonies de l'Église; l'autre *béni*, *bénie*. Le dernier signifie comblé des biens du Ciel. On dit, de l'eau *bénite*, et de la mere de J. C., vous êtes *bénie*, et non pas *bénite*.

Benot. Vase de bois; dites, *benne*, s. f., et *banneau*, s. m., pour diminutif: mettez ces raisins dans le *banneau*.

Berche; *éberché*. Dites, *breche*; *ébreché*: on a *ébreché* les couteaux; on y a fait

[7] On appelle participe passé un tems du verbe qui participe de la nature de l'adjectif, en ce qu'il prend quelquefois le genre et le nombre du substantif auquel il se rapporte.

des *breches*.

Bergere. Petit oiseau; dites, *bergeronnete*, s. f.

Berlan. Jeu de cartes; dites, *brelan*, s. m.: jouer au *brelan*.

Berlin. Coiffe de toile; dites, *coiffe* de nuit.

Besson. Dites, *jumeau*. *Bessonner* n'est pas françois; dites, *faire deux enfans jumeaux*. Ce mot est du vieux langage; son étymologie est *bis sunt*.

Bétar. Dites, *bêta*; qui est fort bête.

Betatouret. Instrument propre à mettre en perce un tonneau; dites, *foret*, s. m.

Bicler. Regarder louche; dites, *bigler*; v.: cet enfant prend l'habitude de *bigler*.

Bileux. Qui abonde en bile; dites, *bilieux*, adj. Les tempéramens *bilieux* sont, pour l'ordinaire, moins disposés à la gaîté, que les tempéramens sanguins.

Bisaigre. Vin *bisaigre*; c'est-à-dire, vin qui s'aigrit; dites, *besaigre*, adj.

Blet. Un fruit *blet*; une poire *blette*; c'est-à-dire trop mûre. Ce mot manque à notre langue. On s'en servait autrefois. On le trouve dans le dictionnaire du vieux langage.

Blette. Plante potagere, dont les feuilles sont larges et supportées par une tige épaisse; dites, *bette*, s. f.: manger des *bettes*. On le nomme aussi *poirée*, s. f.

Bol. Petite boule de drogue médicinale. On dit communément, *une bol*. Ce mot est du genre masculin; dites, *un bol* ou *un bolus*.

Bombarde ou *guimbarde*. Instrument de fer, avec une languette d'acier, dont on joue en le tenant contre les dents; dites, *rebute* ou *trompe-à-laquais*.

Bon. *Plus bon*; *plus bonne*. Fautes communes et grossieres. Jamais l'adjectif *bon* ne doit prendre devant lui l'adverbe *plus*, quand il marque une comparaison. J'ai dit quand il marque une comparaison; car s'il est pris dans un autre sens, il n'est pas contraire à notre syntaxe: on dit bien: elle n'est plus *bonne* à rien. Dans le premier sens, on se sert de *meilleur*, qui est le comparatif de *bon*.

Bon à monter; *bon à descendre*. En ce cas ou en tout autre semblable, ne liez pas l'*n* avec la voyelle suivante. Il n'y a liaison qu'autant que le mot où se trouve l'*n* finale est inséparablement uni avec un autre, comme dans, *bon Ange*, *on est venu*, *un auteur*; et alors on prononce comme s'il y avoit deux *n*. C'est ainsi que prononcent les meilleurs acteurs de Paris.

Bonnette. Coiffe de nuit; dites, *bonnet*, s. m., soit pour homme, soit pour femme.

Borgnasse. Fille borgne; dites, *borgnesse*.

Borgnasser. Dites, *regarder de près*.

Borgnon. Aller *à borgnon*; dites, *à l'aveuglette*.

Boucharle. Bouton qui vient sur la levre; dites, *barbuquet*, s. m. Les médecins disent, *aphte*, s. m.

Bougeon. Dites, *remuant*, adj.: cet enfant est *remuant*.

Bouis. Cette prononciation a vieilli; dites et écrivez, *buis*, s. m.

Bouloir ou *bouillotte*. Espece de coquemar, propre à faire bouillir de l'eau; dites et écrivez, *bouilloire*, s. f., ainsi que presque tous les noms terminés en *oire*.

Bourle. Espece d'enflure qui vient à la suite d'un coup; dites, *bosse*.

Bourrée. Pluie froide; dites, *brouée*, s. f.

Bousillon. Qui gâte son ouvrage; dites, *bousilleur*: cet ouvrier est un *bousilleur*.

Boutasse. Lieu où l'on amasse l'eau pour nourrir le poisson; dites, *mare*, s. f.

Bouteroue. Piece qu'on met au coin des rues, pour que les voitures ne puissent pas se jeter sur les maisons; dites, *borne*: cette voiture a touché la *borne*.

Brame. Poisson d'eau douce; dites, *breme*. *Brame* signifioit autrefois un grand cri.

Branche. Bois qu'on met au feu; dites, *buche*. Une *branche* est un grand rameau d'arbre.

Branler. Se branler sur une escarpolette; dites, *se brandiller*, v.

Branliere. Espece de siége suspendu par des cordes, pour être poussé et repoussé dans l'air; dites, *escarpolette* ou *brandilloire*, s. f.

Brelue. Sorte d'éblouissement passager; dites, *berlue*, terme familier; avoir la *berlue*.

Breteau; *le breteau*. Plaine au-delà du Rhône; dites, *Broteaux*: aller aux *broteaux*. Ce mot est probablement dérivé du mot *brouter*. C'est une plaine où les bestiaux vont champeyer.

Bresbille. Dites, *bisbille*; mot dérivé de l'italien, *bisbiglio*; mot imitatif.

Bretagne. Piece de fonte, qu'on applique au fond de la cheminée; dites, *plaque*, s. f.

Bretonner. Cet arbre bretonne: dites, *boutonne*, v.

Brignon. Espece de petite pêche; dites, *brugnon*, s. m.

Brillant. Oiseau qui a le bec gros et court; dites, *bréant* ou *bruant*.

Broche. Petit bâton fendu en deux parties égales, sur lesquelles le vendeur et l'acheteur font des coches, pour marquer la quantité de pain ou de vin, que l'un fournit à l'autre; dites, *taille*, s, f.: prendre la viande à la *taille*. Cependant ce mot exprime plus communément de petits morceaux de bois sur lesquels on fait des coches, et qui ne servent qu'à l'acheteur. Voyez, *houche*.

Broche de bas. Petite verge de fer; dites, *aiguille*, s. f.: *aiguilles de bas*; ces *aiguilles de bas* sont bonnes. *Broche* et *brocher*, dans ce sens, vieillissent.

Brot. Ce que les jeunes taillis poussent au printemps, et que les bêtes vont brouter; dites, *brout*. On appelle aussi *brout*, la cocque verte des noix.

Brouillard. Conserver le *brouillard* d'une lettre; dites, le *brouillon*, s. m.

Bruxelles. Prononcez le *x* de ce mot, et d'*Auxerre*, *Auxonne*, comme dans *soixante*.

Buche de paille. Dites, *brin de paille*.

Buchettes. Petits bâtons fort menus, avec lesquels on joue; dites, *jonchets*, s. m. On appelle *buchette*, le menu bois que les pauvres gens ramassent.

Bucler un cochon. C'est-à-dire, en brûler le poil avec de la paille; dites, *griller*, v.

Bugnes. Sorte de pâte à l'huile; dites, *beugnes*, s. f.: de bonnes *beugnes*.

Bugnets. Sorte de pâte faite à la poêle; dites, *beignets*, s. m.: des *beignets* de pommes.

Busque. Ce substantif est du genre masculin; écrivez et dites, *un busc*.

Buvande. Dites, *piquette* ou *boisson*.

Buyanderie. Lieu où l'on fait la lessive; dites, *buanderie*, s. f.: il est dans la *buanderie*.

Buyandiere ou *buandiere*. Femme qui lave la lessive; dites, *lavandiere*. Le *buandier* ou la *buandiere* sont ceux qui font le blanchîment des toiles; la *lavandiere* est au bateau de lessive. On trouve le mot *buyandiere*, dans le dictionnaire du vieux langage.

C.

Cabosser. Déformer, v.: il a *cabossé* la boîte de sa montre. Ce mot est un vrai barbarisme; dites, *bossuer*: *bossuer* des assiettes d'argent.

Cacaphonie. Son désagréable à l'oreille; dites, *cacophonie*, s. f. Il est formé du grec *cacos*, mauvais, et de *phoné*, voix ou son.

Cache-maille. Petit vaisseau de terre, ou espece de tronc; dites, *tire-lire*, s. f.: il tient son argent dans une *tire-lire*. Le mot *maille* est un vieux mot qui nous vient du nom d'une petite monnoie qu'on nommoit *maille*; de là, le mot *pince-maille*, pour dire *usurier*.

Cachon. Dites, *noyau*.

Cadette. Sorte de pierre qu'on place le long des boutiques, pour paver le dehors. Dans beaucoup d'endroits on dit, *dalle*, s. f.; mais il y a une sorte de pierre *de taille* qu'on appelle *cadette*; on dit *cadeter*, pour paver avec des pierres *de taille*.

Cafetiere. Maîtresse d'un café; dites, *limonadiere*: s. f.: je voudrois parler à la *limonadiere*. La *cafetiere* est un vaisseau dans lequel on fait le café.

Caffard. Insecte hideux, qui se tient ordinairement dans la farine et s'en nourrit; dites, *blate*, s. f.

Caffi. Pain mal travaillé et qui n'est pas troué. Il n'y a point de mot qui remplace ce barbarisme; il faut se servir d'une périphrase[8].

Çà haut, *çà bas*. Ces deux expressions ne sont pas françoises, quoiqu'il soit permis de dire, *là haut*, *là bas*.

Caille tortue. Animal amphibie; dites simplement, *tortue*.

Calmandre. Sorte d'étoffe de laine; dites, *calmande*: un habit de *calmande*.

Cambuis. Dites, *cambouis*, s. m.

Camelotte. Action de passer les marchandises, sans payer les droits; dites,

[8] C'est-à-dire de plusieurs mots ou d'une expression détaillée. Si, au lieu de nommer l'amour, je dis: le Dieu qu'on adore à Cythère, je me sers d'une *périphrase*.

contrebande, s. f.: faire la *contrebande*.

Campagne. Aller *en campagne*; pour dire, quitter la ville, dans l'intention de se rendre dans une maison de *campagne;* dites, aller *à la campagne*. Les soldats vont *en campagne*; on met ses amis *en campagne*, quand on les fait agir pour le succès d'une affaire; hors de là on dit, aller *à la campagne*. La préposition *en* ne doit précéder un nom de lieu, que lorsque ce nom est celui d'un grand pays, comme, *en* Afrique, *en* France.

Caneçon. Sorte de culotte de toile ou de coton; dites, *caleçons*, s. m.: donnez-moi des *caleçons*.

Cantine. Bouteille de verre blanc. Ce terme est pris souvent à contre-sens; une *cantine* est un petit coffre disposé en plusieurs parties, pour mettre des phioles, dans le voyage. Lorsqu'on veut désigner une bouteille de verre blanc, où l'on met ordinairement de la liqueur, on se sert du mot *bocal*, s. m.: serrez ce *bocal*.

Carnier. Sac où l'on met le gibier; dites, *carnaciere*, s. f.

Carotte. Plante potagere, de couleur ordinairement rouge, et qu'on met dans la salade. C'est encore ici un abus de terme: le mot *carote* signifie proprement une racine jaune, dont la feuille est dentelée, et qu'on nomme mal-à-propos *pastonade* ou *panais*. Ce dernier mot auquel le peuple a préféré celui de *pastonade*, désigne une plante de couleur blanche, d'un goût doucereux et bonne à manger. Ce que le peuple appelle *carotte*, doit se nommer *bette-rave*, et ce qu'il connoît sous le nom de *pastonade*, doit se nommer *carotte*: *les carottes* toutes jaunes sont bonnes dans le bouillon gras; les *bette-raves* se mangent à la salade; les *pastenades* ou *panais* sont toujours blancs.

Carquelin. Espece de gâteau: manger des *carquelins*; dites, *craquelins*: aller acheter une douzaine de *craquelins*.

Cartouche. Sorte d'ornement de sculpture ou de peinture, représentant un carton roulé; dans cette acception, ce mot est masculin; dites, *un cartouche*.

Carville. Sorte de pomme; dites, *calville*, s. m.: un bon *calville*.

Casse. Instrument de cuisine; dites, *casserole*.

Casson. Petit espace de terre plus long que large, où l'on fait venir des fleurs et des légumes; dites, *planche*, s. f.: une planche de *tulipes*.

Castonade. Sucre qui n'est pas entierement raffiné; dites, *cassonade*, s. f.: il y manque de la *cassonade*.

Cataplâme. Espece d'emplâtre propre à fomenter et à fortifier les parties débilitées; dites, *cataplasme*, s. m.: un *cataplasme* anodin. Il faut prononcer l'*s*.

Catarate. Dites, *cataracte*, s. f.: lever la *cataracte*. Il se dit aussi d'une chûte d'eau faisant grand bruit.

Catolle. Sorte de tourniquet en bois; dites, *birloir*, s. m.; le *birloir* de ce châssis s'est détaché.

Caton. Plusieurs parties qui s'amalgament, qui se tiennent assemblées: *caton* de farine; dites, *grumeau*, s. m.: des *grumeaux* de sang.

Cavon. Dites, *caveau*, s. m.

Cayer. Assemblage de feuilles de papier; écrivez, *cahier*: un gros *cahier*. On se servoit autrefois de l'*y* sans *h*.

Ceinturonnier. Marchand de baudriers, de *ceinturons*; dites, *ceinturier*, s. m.

Cep. *Une cep* de vigne. Ce mot est masculin; dites *un cep*; du mot latin *cespes*.

Cercifi. Dites, *salsifis*, s. m.

Cerf. Ne prononcez pas l'*f*.

Cermille. Dites, *cerfeuil*, s. m.

C'est eux. Dites, *ce sont eux*. On dit bien *c'est nous*, *c'est vous*; mais on doit dire à la troisieme personne du pluriel: *ce sont nos affaires*, ainsi que l'a décidé l'abbé GIRARD.

Chacun. Pronom indéterminé[9]: *un chacun* pense comme il lui plaît. Ce n'est plus que dans les livres gothiques qu'on lit *un chacun*; on ne met pas aujourd'hui le pronom indéfini *un* devant *chacun*: *chacun* vit pour soi. Ce mot a donné lieu à une faute qu'on trouve quelquefois, même dans les bons auteurs; on ne doit pas dire, par exemple: ces femmes sont très-attachées, *chacune à son* mari; mais on dira: ces femmes sont très-attachées *chacune à leur* mari. Voici la regle qu'il faut consulter, pour savoir s'il faut mettre *leur*, ou *son*, *sa*, *ses*: si *chacun* est placé avant le régime direct du verbe, ou l'objet, mettez, *leur*: ces deux charrettes ont perdu *chacune* leur essieu; s'il est placé après, servez-vous de *son*, *sa*, *ses*: ils ont tous apporté des offrandes, chacun selon ses moyens.

Chaillotte. Espece d'ail; il faut dire *échalotte*, s. f.: couper des *échalottes*.

Chaine d'oignons. Dites, *glane* d'oignons.

Chaircutier. Dites, *charcutier*. Ce mot vient du verbe *charcuter*.

Chambellan ou *Chamberlan*. Celui qui travaille en chambre, sans droit; dites, *chambrelan*.

Chambucle. Maladie des blés; dites, *nielle*, s. f., ou *charbon*, s. m.

Chana ou *Chanée*. Conduite des eaux dans une gouttiere; dites, *chéneau*, s. m.

Chanin. Un temps *chanin*. Dites, un temps *sombre et froid*.

Chapoter. Dites, *frapper*, v.

Charasson. Sorte d'échelle garnie de chevilles qui servent d'échelons; dites,

[9] Un pronom est un mot qui tient la place d'un nom.

rancher: montez par ce *rancher*, s. m.

Charbon de pierre. Sorte de fossile dur et inflammable; dites, *charbon de terre*: mines de *charbon de terre*.

Charbonnaille. Poussiere de charbon; dites, *poussier*, s. m.: donnez-moi du *poussier*; sans prononcer l'*r*.

Charpenne. Dites, *bois de charme*.

Charpi. Fil de toile pour les plaies; dites, *charpie*, s. f.

Charri. Gros drap qu'on met sur le cuvier, et sur lequel on étend un lit de cendres; dites, *charrier*, s. m.: un bon *charrier*.

Chasse. Le trou d'une aiguille; dites, *chas*, s. m.: un *chas* étroit.

Châtagne. Sorte de fruit; écrivez et prononcez, *châtaigne*, s. f.

Châtel. Bail de bestiaux; dites, *cheptel*, sans prononcer le *p*, s. m.

Chauderon ou *chauderonnier*. Écrivez, *chaudron*, *chaudronnier*, sans [prononcer l'*e*.]

Chaudier. Ouvrier qui fait la chaux; dites, *chaufournier*. Le four où elle se cuit, se nomme *chaufour*, ou *four-à-chaux*.

Chauffe-lit. Bassin ayant un couvercle percé à plusieurs trous, et servant à chauffer le lit; dites, *bassinoire*, s. f.: une grande *bassinoire*. Dites, *bassiner*, et non pas *chauffer* le lit.

Chauffette. Espece de boîte doublée et percée de plusieurs trous par le haut, dans laquelle on met du feu, pour se tenir les pieds chauds; dites, *chaufferette*, s. f.: une belle *chaufferette*.

Chercher. Faut-il prononcer la derniere syllabe de ce verbe comme la premiere? On ne doit pas faire sentir l'*r* finale dans les verbes en *er*, à moins que le mot suivant ne commence par une voyelle; mais on prononce cette lettre dans les verbes terminés en *ir*.

Chevillere. Sorte de ruban fait en fil, et qu'il faut appeler pour cela, *ruban de fil*: acheter un *ruban de fil*.

Chiffre. Caractere dont on se sert pour marquer les nombres: ne dites pas étudier *la chiffre*, mais *l'arithmétique*. Le nom *chiffre* est masculin: le *chiffre* romain.

Chipoteur. Celui qui vétille; dites, *chipotier*: c'est un vrai *chipotier*.

Chirat de pierres. Dites, *amas*.

Choisir. Choisir la salade, ôter ce qui est mauvais; dites, *éplucher*: on *choisit* ce qu'on préfere; on *trie* les herbes, en faisant un choix, en donnant une préférence; *éplucher* exprime seulement l'action d'ôter les parties gâtées.

Chouer. Avoir grand soin de sa personne; dites, *choyer*. Les suisses disent, *cocoler*, qui me paroît fort heureux.

Chucheter. Parler bas à l'oreille; dites, *chuchoter*; d'où sont formés *chuchoteur*, *chuchoterie*.

Cierger. Dites, *ciergier*, ou mieux, *cirier*, s. m.

Cintieme. Dites, *cinquieme*, nom de nombre, ou nom qui sert à compter.

Ciseaux. Instrument de fer, composé de deux branches tranchantes: de *bonnes ciseaux*. Ce nom doit toujours prendre le genre masculin: de *bons ciseaux*.

Clapir; *clapissant*. Dites, *glapir*, *glapissant*.

Claude. Prononcez le *c* comme un *g*, ainsi que dans *Claudine*, *second*, *seconder*, *secondement*, etc.

Clavelée. Cendre *clavelée*; Dites, *gravelée*, adj.

Clé. Traîner sur la *clé*; dites, *claie*, s. f.

Cledar. Ouverture d'un jardin; dites, *claire-voie*, s. f.

Clergeon. Dites, *enfant de chœur*.

Clin de paille. Dites, *botte*: la *botte* de paille est fort chere.

Clocher. On *cloche*; cette façon de parler signifie, au sens propre, *boîter*, et au figuré, aller *mal*: cette comparaison *cloche*. Si vous voulez dire que l'on tire une sonnette, dites, on *sonne*.

Coane. Peau du pourceau; dites, *couenne*, s. f. Le premier *e* se prononce comme un *a*, ainsi que dans *solemnel*.

Cocombre. Espece de fruit ou légume, de forme longue et de nature froide et aqueuse; dites, *concombre*, s. m.: ces *concombres* sont bien petits.

Coit. Cet adjectif signifie, tranquille, en repos; et la diphthongue *oi* se prononce à peu près comme *oie*. Ce mot ne prend point de *t*; le féminin est *coie*.

Coître. Lit de plume; dites, *couette*, s. f.; mot qui vieillit. On dit plus communément, *lit de plumes*.

Col. J'ai mal au *col*; dites et écrivez, *cou*. Le *col* est le linge qu'on se met au *cou*.

Colant. Diamants ou pierreries que les femmes portent au *cou*; dites, *coulant*.

Collidor. Passage étroit d'un appartement à un autre; dites, *corridor*, s. m.: un long *corridor*.

Communs. Aller aux *communs*; dites, *commodités* ou *cabinet d'aisance*.

Companie. Dites et écrivez, *compagnie*, s. f.

Confle. Petite ampoule sur la peau; dites, *vessie*, s. f.: sa brûlure lui a fait venir une *vessie*. On dit aussi, *cloche*, s. f.

Conjugaux. Des liens *conjugaux*. Les adjectifs suivans n'ont point de pluriel masculin: *conjugal*, *vénal*, *austral*, *boréal*, *pectoral*, *filial*, *fatal*, *sentimental*, *naval*, *amical*, *magistral*, etc.

Conséquent. Important, qui en vaut la peine: c'est une somme *conséquente*. Ce mot ne s'emploie jamais dans ce sens; on dit bien: une somme de *conséquence*; mais on ne doit pas dire, une affaire *conséquente*. Ce dernier mot exprime une idée qui découle d'une autre: on est *conséquent*, lorsque la conduite est conforme aux principes qu'on se fait. On est *conséquent* dans ses raisonnemens, lorsque les propositions sont bien déduites les unes des autres; au contraire, on est *inconséquent*, quand on est peu d'accord avec les principes qu'on a établis. Mais ne dites pas qu'une personne est *inconséquente*, pour faire entendre qu'elle est frivole et légere. Ces deux expressions ne sont d'usage que dans le sens expliqué.

Consulte. Conférence que l'on tient pour délibérer sur quelque affaire ou sur quelque maladie; dites, *consultation*: faire une *consultation*.

Contre. *Par contre*, si les artisans sont ordinairement pauvres, *par contre*, ils se portent bien. Cette expression rend mal le sens que l'esprit a en vue, ou plutôt elle n'en exprime aucun. Le mot *contre* est une préposition qui veut toujours après elle un complément; c'est-à-dire un mot qui dépend d'elle. Au lieu de dire, par exemple: je n'ai pas pu aller à la campagne; mais, *par contre*, je me suis bien amusé à la ville; on dira, mais *en revanche*, mais *à défaut*, ou enfin, on se servira simplement de la conjonction *mais*, qui marque suffisamment l'opposition ou le dédommagement.

Contrevention. Action par laquelle on contrevient à une ordonnance; dites, *contravention*, s. f.: prendre quelqu'un en *contravention*. Dans ce mot on fait usage de la préposition latine, et non de la française.

Cor. Donner du *cor*; dites, *sonner du cor*.

Corbillonier. Ouvrier qui fait des vans et des corbeilles; dites, *vannier*, s. m.: cet homme est bon *vannier*.

Corce. Peau d'arbre ou de fruit; dites, *écorce*, s. f. L'*écorce* de cet arbre est bien épaisse.

Corée. L'assemblage du foie et du poumon; dites, *fressure*, s. f.

Corniole. Conduit par où les alimens descendent du gosier dans l'estomac; dites, *œsophage*.

Corporance. La taille de l'homme considérée par rapport à sa grandeur et à sa grosseur; dites, *corpulence*, s. f.: il est d'une belle *corpulence*.

Corsonnaire. Sorte de racine médicinale; dites, *scorsonere*. On la confond mal à propos avec le salsifis, qui est une racine bonne à manger. Les Espagnols appellent cette plante, *escorsonera*. Son nom lui vient de ce que son écorce est noire; aussi les Suisses la nomment, *écorce noire*. Valmond de Bomarre prétend que le *scorsonere* ou le *salsifis* noir est une plante potagère plus saine et meilleure à manger que le *salsifis* blanc.

Cotivet. Le creux qui est entre la tête et le chignon; dites, *nuque*, s. f.

Coudre. On conjugue mal ce verbe dans quelques-uns de ses tems; dites, je *couds*, je *cousois*, je *cousis*, et non pas je *cousus*; j'ai *cousu*, je *coudrai*, que je *couse*, que je *cousisse*, et non pas que je *coususse*.

Couple. Nombre: un *couple* d'œufs; dites, *une couple*, s. f. Un *couple* se dit en parlant d'un mari et d'une femme: voilà un beau *couple*.

Coupon de salade. Espece de plat où l'on sert la salade: dites, *saladier*, s. m.: un grand *saladier*.

Courir. Ce verbe n'adopte que l'auxiliaire *avoir*: il y *a couru*; de là une faute dans ce vers de Racine:

Il en étoit sorti, lorsque j'y *suis couru*.

Il faudroit, lorsque j'y *ai couru*.

Courle. Sorte de plante rampante; dites, *courge*, s. f.: une bonne *courge*.

Courle-bouteille. Dites, *calebasse*, s. f.

Courterolle. Insecte qui mange les racines des laitues; dites, *courtillere*, s. f.

Couvert. La couverture d'un bâtiment; dites, *toit*: monter sur le *toit*. Dites encore, cette maison a une belle *couverture*; et non pas une belle *couverte*, ni un beau *couvert*.

Couverte. Tapis qu'on étend sur un lit. *Couverte* de laine; dites, *couverture*, s. f.: une belle *couverture*. On donne le nom de *couverte* à l'émail qui couvre une terre cuite, mise en œuvre. Ce mot se dit particulierement de la porcelaine: une *couverte* fine. On dit aussi *couverte* de porte, en parlant d'une piece de bois qui se met en travers, au-dessus de l'ouverture d'une porte ou d'une fenêtre, pour soutenir la maçonnerie; dites, *linteau*, s. m.

Craion. On prononce mal ce mot: comme on doit l'écrire avec un *y*, et que ce caractere remplace deux *i*, il faut prononcer comme s'ils y étoient en effet, *craiion*.

Crincer. Faire que quelque chose se fronce et se racornisse au feu; dites, *grésiller*: le feu a *grésillé* ce parchemin.

Croassement; *croasser*. Cri des grenouilles; dites, *coasser*, *coassement*. Le premier signifie le cri des corbeaux.

Croc. C'est un *croc*; c'est-à-dire un fripon au jeu; dites, *escroc*. Ce mot vient de *croc* et *croquer*, tirer avec un *croc*, ou prendre ce qui est pendu au *crochet*, comme *accrocher*, *décrocher*.

Cru. Augmentation de taille: il n'a pas fait son *cru*; dites, *crue*: s. f. cet enfant a fait sa *crue*.

Cublan. Petit oiseau qui a des plumes blanches sur le croupion; dites, *vitrec*, s. m.: j'ai tué un *vitrec*.

Cueillé. Un *cueillé* d'argent. On le fait communément substantif masculin, mais c'est une faute grossiere; ce mot doit toujours être du genre féminin; il doit se terminer par un *r*, qu'on prononce; ainsi, on doit dire, une *cueiller*, et non pas un *cueillé*. L'*r* finale se conserve pour la formation du mot *cuillerée*, s. f. Il est rare que les mots terminés ainsi soient féminins.

Cueillir. Ne dites pas *je cueillis*, au présent, ni *je cueillissois*, à l'imparfait; mais *je cueille*, *je cueillois*. On dit plutôt *je cueillerai*, que *je cueillirai*.

Cuison ou *cuisage*. Action de cuire ou de faire cuire: je lui dois tant pour la *cuison* ou le *cuisage* de mon pain. Ces deux mots sont également réprouvés par le bon usage; il faut dire *cuisson*, s. f.: la *cuisson* des viandes. *Cuisson* signifie encore la douleur que fait sentir un mal qui cuit; c'est-à-dire, qui cause une douleur aigue: ma plaie me fait éprouver une *cuisson* horrible.

Curaille. Le milieu d'un fruit dont on a ôté ce qui est bon; dites, *trognon*, s. m.

D.

Dada. Homme niais, un nigaud, un homme décontenancé; dites, *dadais*: c'est un *dadais*.

Darte, sur la peau. Dites, *dartre*, s. f.

Davantage. J'ai *davantage* d'années que lui. Cette façon de parler est vicieuse. L'adverbe[10] *davantage* ne prend jamais après lui la préposition *de*, ni la conjonction *que*. Vous ne direz pas, il a *davantage de* plaisir; il est *davantage* aimé *que* vous; cet adverbe se place toujours immédiatement après le mot qu'il modifie. En conséquence, vous direz, il en sera aimé *davantage*, et non pas, il en sera *davantage* aimé. Ne vous servez point du mot *davantage* dans le sens de *le plus*; ainsi, ne dites pas: voilà la femme qui me plaît *davantage*; dites, voilà la femme qui me plaît *le plus*.

Débâcle. La rupture des glaces. On fait souvent ce substantif masculin, et il est toujours féminin: *la débâcle*. Ce sont les mots *miracle*, *réceptacle*, *tabernacle*, qui ont donné lieu à cette erreur.

Débarras. Lieu où l'on serre beaucoup de choses; dites, *décharge*, s. f.

Décesser. Il ne *décesse* pas de parler; dites, il ne *cesse* pas de parler. La premiere expression, si elle étoit permise, signifieroit le contraire de ce qu'on veut dire.

Déchicoter. Dites, *déchiqueter*.

Décrottoir. Sorte de brosse dont on se sert pour décrotter. On donne ordinairement à ce nom le genre masculin, et il est du genre féminin; dites donc, *une décrottoire*. Cette désinence indique ordinairement le féminin, comme *poire*, *foire*, *moire*.

Dedans. Il est *dedans* la maison. Cette faute ne se trouve que dans les livres

[10] Un adverbe est un mot qui se joint ordinairement au verbe, pour le modifier; c'est-à-dire, pour ajouter une nouvelle idée au mot auquel il se rapporte, comme on le peut voir dans les exemples suivans: les uns pensent *beaucoup* et parlent *peu*; les autres parlent *beaucoup* et pensent *peu*.

gothiques. *Dedans* se met sans régime: il est *dedans*. Quand il faut employer un régime, on met la préposition *dans*: il est *dans* le tiroir. *Dedans* est une préposition elliptique.

Dédite. Droit de se *dédire*, peine ou dédommagement. Ce mot ne doit avoir que deux syllabes, et il est masculin; dites, il lui a donné un *dédit* de mille écus. Le *dédit*, c'est la peine attachée au droit qu'on appelle *congé*; on donne *congé* à un locataire, et l'on paye le *dédit*.

Déhors. On met et prononce, mal à propos, un accent aigu. L'*e* est muet; dites donc et écrivez, *dehors*. Ce mot est formé des deux prépositions *hors* et *de*.

Délice. Plaisir, volupté. Ce substantif est ordinairement masculin au singulier, et toujours féminin au pluriel; dites donc, *un grand délice*, et *de grandes délices*.

Demain à soir. Dites, *demain soir*, ou *demain au soir*.

Demander excuse. Cette expression ne rend pas le sens qu'on y attache; *demander des excuses* à quelqu'un, c'est vouloir qu'il nous en fasse. On *demande pardon*; on *fait des excuses*.

Demeurer. Dans le sens de rester, exige le verbe *être*; de là une faute dans ces vers de Racine:

> Ma langue embarrassée,
> Dans ma bouche vingt fois a *demeuré* glacée.

Il faudroit *est demeurée*.

Demi, *demie*. *Demie*-heure, et d'autre fois, une heure et *demie*; voici la regle à suivre à l'égard de ce nom partitif[11]. Quand *demi* précede le substantif, il est indéclinable, c'est-à-dire qu'il ne change jamais de terminaison: une *demi*-heure plutôt; une *demi*-journée; mais s'il vient après le substantif, il en prend le genre: une heure et *demie*, une journée et *demie*.

Demoiselle. J'ai vu une mere de famille, qui se promenoit avec ses *demoiselles*; dites, avec ses *filles*. Le mot *demoiselle* est un terme de qualité, qui distingue ordinairement les filles d'avec les femmes mariées. Il signifie aussi une fille née de parens nobles; et en ce sens, il se dit des femmes mariées et des filles: elle est véritablement *demoiselle*, c'est-à-dire, véritablement née fille de gentilhomme. Mais ce terme ne remplace jamais celui de *fille*; pas plus que celui de *monsieur*, ne remplace celui de *fils*. On dira bien: c'est la *demoiselle* de compagnie de madame, mais non la *demoiselle* de madame, pour dire, c'est sa *fille*.

Dépêchez vîte. Il y a un pléonasme vicieux dans cette expression; dites seulement, *dépêchez*. Ce dernier exprime l'idée de vîtesse.

---

[11] On appelle nom partitif, un mot qui représente plusieurs personnes ou plusieurs choses, comme faisant partie d'un tout. Tels sont les mots, *plusieurs*, *la plupart*, *une demi-douzaine*.

Dépersuader. Dites, *dissuader*, v.

Dépuis. Ne mettez et ne prononcez point d'accent aigu sur l'*e* de ce mot. *Du depuis* n'est pas françois; ainsi, c'est une faute grossiere de dire: je ne l'ai pas vu *du depuis*; dites, *depuis*.

Des. On dit souvent, *des célebres auteurs*, au lieu de dire, *de célebres auteurs*, la regle générale veut qu'on retranche l'article, quand l'adjectif précede le nom; car le nom se trouvant déjà modifié par le qualificatif, l'esprit rejette l'article, qui modifie aussi, en limitant la signification du substantif. L'adjectif mis avant le nom, devient idée principale, et les deux mots semblent n'en former qu'un; l'adjectif placé après, devient idée accessoire: ce *savant homme*; *cet homme savant*.

Désarroir. Désordre dans les affaires; dites, *désarroi*.

Desir; *desirer*. Mettez l'accent, à cause de l'étymologie: *de sidere*. L'Académie l'écrit ainsi.

Désondrer. Enlaidir: ce chapeau vous *désondre*. Cette expression qui appartient particulierement aux jeunes demoiselles, n'a reçu la sanction que d'elles. Si on pouvoit leur accorder le titre de législatrices en matiere grammaticale, ce seroit en faveur des mots qui peindroient la beauté et les graces, et non en faveur de ceux qui expriment la laideur. Il faut dire: *ce chapeau vous sied mal*, *ne vous va pas bien*, *vous dépare* ou *vous enlaidit*; elles ont donné la préférence au mot *désondrer*, par une sorte de délicatesse, parce qu'il n'exprime rien de déterminé, qu'il n'emporte pas tout-à-fait l'idée d'enlaidissement, quoiqu'il en approche.

Descendre. Il a *descendu*; dites, il est *descendu*. Voyez *monter*.

Dès-de-là. Chercher *dès-de-là* l'eau. Cette expression lyonnoise est tout-à-fait vicieuse; il faut dire, chercher *de l'autre côté*; *par de-là* l'eau, ou simplement, *de-là* l'eau.

Dessous.

> Bientôt, lassés de leur belle aventure,
> *Dessous* un chêne ils soupent galamment.

Il y a une faute de françois dans ces vers. *Dessous* se met sans complément; c'est-à-dire, sans régime. Vous le cherchez *sous* le lit; il est *dessous*. Dans le vieux style on met *dessous* avec un régime.

Deux. *Tous deux*; *tous les deux*. On se sert indifféremment de ces deux manieres, et l'on se trompe. *Tous deux* signifie qu'on est allé ensemble, en même temps: allons-y *tous deux*. *Tous les deux* exprime que l'un et l'autre y sont allés, mais non pas de compagnie: nous y sommes allés *tous les deux*, mais séparément, et non pas *tous deux*.

Dévancer. Aller au devant. Ne mettez point d'accent sur le premier *e*. Ce mot est formé du mot *devant*, qui n'a point d'accent aigu.

Quel important besoin
Vous fait donc *devancer* l'aurore de si loin?

Devant. Il *lui* est allé *au devant*. Cette façon de parler n'est pas autorisée par le bon usage; dites, il est allé *au devant de lui*.

Déviner. Découvrir une chose cachée. Il ne faut ni mettre d'accent sur l'*e*, ni en faire entendre la prononciation: *deviner*, v.; *devin*, s. m., et non pas *dévin*.

Dévise. Sans accent: *devise*, s. f.

Dinde. Nous avons mangé un bon *dinde*. Ce nom est du genre féminin; dites donc, *une dinde*; si vous parlez du mâle, servez-vous du mot *dindon*, et pour exprimer un petit *dindon*, vous emploîrez le diminutif, *dindonneau*. Pour l'ordinaire les noms d'animaux, principalement ceux d'oiseaux et de poissons, ne désignent pas les sexes, ou ne les distinguent pas. *Ainsi*, *carpe*, *brochet*, *moineau*, etc., expriment indifféremment le mâle ou la femelle. On ne distingue les sexes qu'à l'égard des animaux qui nous intéressent, ou que nous avons lieu de craindre; alors, souvent le nom de la femelle n'est pas le même que celui du mâle: *cheval*, *jument*; *coq*, *poule*.

Dire. Il est vrai *de dire*; dites seulement, *il est vrai*. Faute commune, même à quelques auteurs.

Dixmier. Celui qui perçoit les dixmes; dites, *dixmeur*, s. m.

Donc. On prononce le *c* de ce mot, quand il commence la phrase ou qu'il est suivi d'une voyelle; en tout autre cas, ne le faites pas entendre.

Dorse. Une *dorse* d'ail; dites, une *gousse* d'ail.

Druge. Se plaindre de *druge*, c'est se plaindre de ce que la mariée est trop belle; dites, se plaindre mal à propos ou sans raison. Le mot *druge* vient, peut-être, du mot *dru*, qui signifie *épais* ou *gai*, d'où l'on a formé le verbe *druger*, qui n'est pas françois.

Duelle. Planche servant à la construction d'un tonneau; dites, *douve*, s. f.: de mauvaises *douves*.

Durant que. Il est venu *durant que* j'y étois. On trouve cette faute dans plusieurs auteurs. Mais *durant que* ne remplace jamais *pendant que*. *Durant* est une préposition qui n'est jamais suivie de *que*. On dit *durant* sa vie, et quelquefois, sa vie *durant*; mais jamais, *durant* qu'il vivoit. *Durant* exprime un temps de durée qui s'adapte dans toute son étendue à la chose à laquelle on la joint; et *pendant* ne fait pas entendre un temps d'époque, mais seulement quelques-unes de ses parties: il a dormi *durant* tout le sermon; on l'a volé *pendant* son absence.

E.

Écarrer une piece de bois, la rendre carrée, dites, *équarrir*. On dit bien *carrer*, mais point *écarrer*.

Échapper. On ne doit pas dire indifféremment, *échapper à*, ou, *échapper de*: on a *échappé aux* poursuites des archers, marque qu'on n'a pas été pris; il s'est *échappé des* mains des archers, marque qu'on a cessé d'être où l'on étoit.

Échevelé et *déchevelé*. Le premier se dit de quelqu'un dont les cheveux sont épars; et le second, d'une femme à qui on a arraché sa coiffure, et à qui on a mis les cheveux en désordre.

Échiffe. Petit éclat de bois, ou espece d'épine qui entre dans la chair; dites, *écharde*, s. f.: j'ai une *écharde* sous l'ongle.

Éclairer. L'abus de ce mot est devenu presque universel. On dit de toutes parts: *éclairez* le feu, *éclairez* la bougie, *éclairez* le poêle, *éclairez* le falot. Ce sont autant d'hérésies grammaticales; dites, *allumer*. Il est encore moins permis de dire, *éclairez* la lumiere; car la lumiere éclaire, et n'est pas *éclairée*. On dit aussi, contre la pureté du langage: *éclairez* monsieur; dites, *éclairez* à monsieur. On *éclaire* un ignorant, et on *éclaire* à un homme, pour qu'il voie à se conduire. Ces fautes donnent lieu d'en faire remarquer une autre: ce n'est pas français de dire, *faites lumiere*; cette expression est consacrée à la toute-puissance de Dieu. Un académicien étant allé rendre visite à M. de Fontenelle, se retira à l'entrée de la nuit; il s'égara dans l'appartement, et se plaignit de ce qu'ayant demandé plusieurs fois qu'on lui *fît* lumiere, la servante le laissoit dans l'obscurité: excusez-la, dit Fontenelle, elle n'entend que le françois.

Économer. Administrer avec économie; dites, *économiser*, v.: il fera bonne maison, s'il continue *à économiser*.

Écosse de pois. Dites, *cosse*. On dit bien *écosser*, mais non pas *écosse*.

Écoupeaux ou *Éclapes*. Éclats ou morceaux de bois que la hache ou le rabot enlevent du bois que l'on travaille; dites, *copeaux*, s. m. pl.: brûler des *copeaux*.

Éduquer. Voltaire se plaignoit qu'on alloit jusqu'à écrire que les princes sont quelquefois mal *éduqués*. Il paroît que ceux qui parlent ainsi, ont eux-mêmes reçu une fort mauvaise éducation; dites, *élevé*. Le peuple, par analogie au mot éducation, a formé *éduqué*, qui n'est pas françois; cette faute est très-commune en Suisse et à Geneve. Roubaud prend la défense de ce mot contre Voltaire.

Effiler. Donner le fil à un instrument qui coupe; dites, *affiler*: j'ai *affilé* mon sabre. *Effiler* signifie ôter les fils, et non pas donner le fil.

Égrafinure; *égrafiner*. L'action d'entamer la peau légérement avec les ongles; dites, *égratigner*, v. *égratignure*, s. f.

Emberlicoter. *S'emberlicoter*. Dites, *s'emberlucoter*, *s'embarrasser*.

Emberner. Salir de bran ou de matiere fécale; dites, *embrener*, v.

Embêter. Rendre bête; dites, *hébêter* ou *abêtir*, v.

Emboire. Ce papier *emboit*. Le mot *emboire* est un terme de peinture; il se dit d'un tableau dont les couleurs deviennent mattes et ne se discernent pas; dites, *ce papier boit*.

Embûches. Tendre des *embûches*; cette expression n'est pas exacte: on tend des *piéges*, des *filets*, et l'on dresse des *embûches*.

Empare. Barre de fer pour soutenir les portes; dites, *penture*.

Emparenter. Entrer dans une famille: il est bien *emparenté*; dites, *apparenter*. v.

Emphasé. Discours *emphasé*, c'est-à-dire, où il y a de l'emphase; dites *emphatique*, adj.

Émuer, v. *émué*, participe. Dites, *émouvoir*, et au participe, *ému*: il m'a fait peur; j'en suis encore tout *ému*.

Encatonner. *S'encatonner*, se réunir en masse; dites, *grumeler*: la farine se *grumelle*.

Enchant. Dites, *angle de mur*.

Endéver. Cet enfant me fait *endéver* tout le jour. Il semble qu'on attache à ce mot, qui n'est pas françois, l'idée de *donner au diable*; mais souvent il s'emploie dans le sens de *contrarier*.

En erriere. Dites et écrivez, *en arriere*; de là le verbe *arriérer*.

Enfant. C'est un mot adopté pour les deux sexes, et qui prend les deux genres: un bel *enfant*; une belle *enfant*.

Enfle. Il est *enfle*; dites, *enflé*.

Engencement; *engencer*. Maniere d'arranger de petites choses chez soi; dites, *agencement*, *agencer*.

Énigme. Chose à deviner: *un énigme*; dites, *une énigme*, s. f.

Énorgueillir. *S'énorgueillir*; avoir de l'orgueil. C'est comme s'il y avait *orgueil en*. La préposition *en* ne se détache pas, et la première syllabe a le son nasal; il ne faut point d'accent sur l'*e* initial, et l'on doit redoubler l'*n* dans la prononciation. Il en est de même des mots *enivrer*, *enharmonique*, *ennoblir*; mais si ce dernier signifie rendre noble, on prononcera et on écrira *anoblir*.

Le dictionnaire de Trévoux et celui de Richelet, disent qu'il faut prononcer *anivrer*, *anorgueillir*; mais cela n'est pas admis.

Enreinieres. J'ai les *enreinieres*; dites, j'ai des douleurs de *reins*.

Enseigner quelqu'un. Dites, *enseigner à quelqu'un*. Ne dites pas non plus, *montrer* à lire, mais *apprendre*.

Enterrement. Voir passer un *enterrement*. L'*enterrement* est un acte de religion, par lequel on met un corps en terre; on ne voit pas cet acte, mais le convoi; dites, j'ai vu passer le *convoi*.

Épée. Instrument de défense: un *épée*; dites, une *épée*, s. f.: une belle *épée*.

Épigramme. Petite piece de poésie: un *épigramme*; dites, une *épigramme*, s. f.: une fine *épigramme*. J. B. Rousseau a fait d'excellentes *épigrammes*.

Épisode. Une belle *épisode*. On appelle ainsi dans la composition du poème épique ou dramatique, toute action que le poète emploie pour étendre l'action principale et l'embellir; ce mot est du genre masculin; dites, *un épisode*: on dit que le Tasse et l'Arioste ont fait de très-beaux *épisodes*.

Épogne. Sorte de gâteau; dites, *galette*.

Épurer des comptes. Dites, *apurer*: travailler à *apurer* ses comptes.

Équevilles. Ordures qu'on ôte avec le balai. C'est le *scoviglia* des Italiens, qui n'a pas été adopté en françois; dites, *balayures*.

Espadron. Large épée; dites, *espadon*, s. m.

Espadronner. Dites, *espadonner*.

Espression. On dénature ce mot et beaucoup d'autres, en changeant l'*x* en *s*; dites, *expression*, *exprimer*, *excuse*, *extravagant*.

Esquilancie. Maladie du gosier, qui fatigue souvent au point qu'on ne peut ni respirer, ni avaler: il a un dangereux *esquilancie*. Il y a double faute dans cette façon de s'exprimer; 1.°, ce nom est du genre féminin; 2.°, il faut dire, *esquinancie*, et non pas *esquilancie*: une dangereuse *esquinancie*. Presque tous les mots terminés en *ie* sont féminins, à l'exception de *génie*, *incendie*, *messie*.

Estomac, s. m. On appelle ainsi, dans le corps animal, la partie qui reçoit les alimens. Il ne faut pas prononcer le *c*, comme font les Genevois.

Et. Beaucoup de personnes ne savent point distinguer la conjonction *et* du verbe *est*; celui-ci prend ou peut prendre devant lui le pronom personnel *il* ou *elle*, et non pas l'*autre*; d'ailleurs, la conjonction a presque le son de l'*e* fermé, et le verbe a celui de l'*e* ouvert.

Étant. Ce verbe, comme l'auxiliaire *avoir*, n'a point de gérondif, et n'est jamais précédé de la préposition *en*.

Éteinte de voix. Dites, *extinction* de voix.

Étirer le linge. Ce mot ne se dit que des métaux qu'on étend sous le marteau; dites, *détirer* du linge. Ne dites pas, *étiré* à quatre épingles, mais *tiré* à quatre épingles, en parlant d'une personne ajustée avec affectation et recherche.

Étisie. Maigreur, consomption; dites, *tisie*, et écrivez *phtisie*. On dit cependant, *étique*, aussi bien que *phtisique*.

Être. Ce mot est souvent pris pour *aller*, c'est une faute. Le verbe *être* marque le repos ou l'existence, et le verbe *aller* marque le mouvement; or, ces deux mots, qui ont une signification si contraire, ne sauraient être pris indifféremment l'un pour l'autre; on ne dira donc pas, il *fut* au spectacle, pour dire, il y *alla*; on pourra bien dire qu'il a *été* à Paris, pour dire qu'il y a *demeuré*, mais non pour marquer l'action de s'y transporter.

Éviter. *Éviter* la peine à quelqu'un. Cette façon de parler est devenue universelle; on la trouve dans nos auteurs comiques; mais elle n'en est pas moins vicieuse. Le mot *éviter* veut dire *fuir*. On *évite* quelqu'un, et non pas à quelqu'un; on ne dira donc pas, je vous *éviterai* la peine, mais, je vous *épargnerai* la peine.

Examen. La derniere syllabe de ce mot ne se prononce pas comme dans *demain*, mais comme si l'*n* étoit suivie d'un *e* muet, ainsi que dans *hymen*.

Excepté que. Cette expression prise pour *à moins que*, est surannée; ainsi, ne dites pas, il viendra, *excepté qu'il* ne soit malade, mais dites, *à moins qu'il* ne soit malade.

Exemple. *Un exemple*, signifiant un modele d'écriture; dites, *une belle exemple*; mais dans tout autre cas il est masculin: suivez *ses bons exemples*.

Exprès. *Par exprès*. Je ne l'ai pas fait *par exprès*. Le dernier de ces deux mots suffit; dites donc, je l'ai fait *exprès* ou tout *exprès*; mais n'employez jamais la préposition *par*, devant le mot *exprès*, à moins que ce mot ne soit pris substantivement: envoyer une lettre par un *exprès*.

F.

Facié. Cet homme est bien *facié*; dites, *facé*.

Faire une maladie. Cette expression devenue universelle, et employée même par quelques écrivains, n'est pas françoise. On dit, *avoir une maladie*, et non la faire, lors même qu'on se la seroit attirée par sa faute.

Falloir. Ne dites pas, il ne s'en est *fallu de guere*, il s'en est *fallu de beaucoup*; mais dites, il ne s'en n'est *gueres fallu*, il s'en est *fallu beaucoup*.

Fantôme. Spectre ou chimere: j'ai vu *une fantôme*; ce nom est du genre masculin: *un fantôme*.

Farbalas. Espece de bande plissée, et mise pour ornement; dites, *falbala*: un joli *falbala*.

Fayard. Bois de *fayard*; dites, bois de *hêtre*; l'*h* est aspirée.

Fege. Dites, *foie*, s. m.: un *foie* de veau.

Féniere. Lieu où l'on serre le foin à la campagne; dites, *fenil*, s. m.: voilà un beau *fenil*; sans prononcer l'*l*.

Ferlater du vin. Y mettre des drogues; dites, *frelater*, v.

Fermer. *Fermer* le linge; c'est un barbarisme. Le mot *fermer* signifie clorre ce qui est ouvert; on *ferme* une porte, une chambre; mais on ne *ferme* pas du linge; on *ferme* une chambre, pour qu'on n'y puisse pas entrer; on *serre* les habits, le linge, etc.

Fermer quelqu'un dans sa chambre. Dites, *enfermer*.

Ferratier. Celui qui vend du fer; dites, *ferronnier*; d'où *ferronnerie*.

Fête-à-Dieu. Dites, *Fête-Dieu*.

Feu; *feue*. La *feu* reine. Il y a un solécisme dans le mot *feu*. Voici la regle à consulter sur cet adjectif: *feu* reste invariable, lorsqu'il n'est pas précédé de l'article: *feu* ma mere; et lorsqu'il a devant lui l'article ou le pronom possessif, il prend le genre et le nombre du substantif qui vient après: la *feue* reine.

Fiageoles. Sorte de légumes; dites, *haricots*, s. m.: de bons *haricots*; l'*h* est aspirée.

Fiageolet. Instrument à vent; dites, *flageolet*, s. m.

Fiarde. Sorte de jouet de bois, en forme de poire, et qu'on enveloppe d'une corde roulée en spirale, pour le faire tourner sur une pointe de fer dont il est armé; dites, *toupie*, s. f.: jouer à la *toupie*; de là on a fait, *toupiller*, aller et venir sans savoir pourquoi.

Fibre. De *longs fibres*. Ce nom est féminin; dites, de *longues fibres*.

Fievres. Cet homme a *les fievres*. On n'a pas plusieurs *fievres* à la fois; dites, il a *la fievre*.

Figuette. Espece de petite bouteille qui se ferme avec un bouchon; dites *flacon*, s. m.: on met des senteurs dans un *flacon*.

Filagrame. Ouvrage d'orfévrerie, travaillé à jour; dites, *filigrane*, s. m.

Filleule d'artichaut. Dites, *œilleton* ou *rejeton d'artichaut*.

Filoche. Dites, *filet*, s. m.

Fils. Ne prononcez pas l'*s*, à moins que le mot suivant ne commence par une voyelle.

Finir. Ne dites pas, il faut *en finir*; cette façon de parler, qui devient très-générale, est vicieuse. On *finit* une chose; mais on n'*en finit* pas.

Fixer quelqu'un. Le mot *fixer* signifie arrêter; dites, *fixer* ses regards sur quelqu'un, ou regarder quelqu'un *fixément*. On *fixe* un inconstant.

Flamboise. Petit fruit bon à manger; dites, *framboise*, s. m.: un plat de *framboises*.

Flamenter, *flamentation*. Action de mettre des cataplasmes sur une partie malade, pour l'adoucir, l'amollir ou la fortifier; dites, *fomenter*, *fomentation*. On dit figurément, *fomenter* une querelle; c'est-à-dire, l'*entretenir*.

Flasque. Espece de bouteille de cuir, pour mettre la poudre à fusil; dites, *poire à poudre*.

Flau. Instrument à battre le blé; dites *fléau*, s. m. Dites de même, au figuré, pour les maux que Dieu nous envoie.

Flene. Linge qui sert d'enveloppe à un oreiller; dites, *taie*, s. f.: changer de *taie*.

Flérer. Répandre une odeur: il *flere* comme baume; dites, *fleurer*.

Fleurir. Ce verbe est régulier au sens propre; mais au figuré, il fait, à l'imparfait, il *florissoit*, et au participe présent, *florissant*, et non *fleurissant*.

Flotte de fil ou de soie. Soie ou fil replié en plusieurs tours; dites, *écheveau*, s. m.: un *écheveau* de fil blanc. Le mot *flotte* exprime un certain nombre de vaisseaux qui vont ensemble: la *flotte* anglaise. Peut-être le peuple a-t-il ainsi nommé plusieurs tours de soie ou de laine, parce que, comme une *flotte* de vaisseaux, ils se suivent et vont ensemble. Ce qui confirme cette conjecture, c'est qu'il dit une *flotille*, en parlant d'un petit *écheveau*, ainsi qu'on le dit, en parlant d'une petite *flotte*.

Foroncle. Espece de flegmon enflammé et douloureux, qui se termine par un abcès; dites, *furoncle*, s. m. On l'appelle vulgairement *clou*.

Foudre. Ce mot prend les deux genres:

> Je pourrois t'écraser, et les *foudres* sont *prêtes*.
>
> . . . .
>
> Éteins entre leurs mains les *foudres destructeurs*.

Mais le masculin est d'un style plus relevé, et presque toujours figuré.

Fourchu. *Pied fourchu*. Droit qui se paye sur les bêtes qui ont le pied fendu ou fourché; dites, *pied fourché*.

Franchipane. Espece de pâtisserie ou de parfum: pommade à la *franchipane*; dites, *frangipane*, s. f.: une tourte à la *frangipane*.

Fricot. Ce qu'on mange avec du pain; dites *mets*, s. m. *Ragoût* ou *mets*: un excellent *mets*, un bon *ragoût*.

Frissure. Réunion du foie, du cœur et de la rate de quelques animaux; dites, *fressure*, s. m.

Fûte. *Une fûte*, un tonneau; dites, *fût*, sans *e* final. Ce mot est masculin: de vieux *fûts*; en faisant sentir le *t*.

G.

Gabouiller. Dites, *barboter*, v.

Gacer du vin dans la bouteille. Dites, *agiter*, v.

Gadois. Celui qui transporte la gadoue ou la matiere fécale; dites, *gadouard*, s. m.

Gagner la victoire. On gagne la bataille, et le succès de la bataille donne la victoire; dites, *remporter la victoire*.

Galandage. Muraille en charpente et en maçonnerie; dites, *cloison*, s. f.

Gangrene. Maladie de quelques parties du corps; prononcez, *cangrene*. Le *g* prend le son du *c*. C'est le contraire dans les mots *second*, *cigogne*, *Claude*.

Garante. Femme qui sert de caution. C'est un barbarisme. *Garant* n'a point de féminin. Il faut dire, elle est *garant*. Il en est de même de *docteur*, *écrivain*, *témoin*, *orateur*, *peintre*, *poète*, *auteur*, *érudit*, *rhéteur*, *rhétoricien*, *logicien*, *pharmacien*, etc. Ces mots n'ont pas de féminin, parce qu'on les attribue rarement aux femmes.

Garde. *Prendre garde à* et *prendre garde de*, ont deux sens différens: *prendre garde à faire*, c'est être attentif à faire. *Prendre garde de faire*, c'est faire attention de ne pas faire; dites, *prenez garde de tomber*, ou *prenez garde à ne pas tomber*. Après les verbes *prendre garde*, *craindre*, *appréhender*, etc., on emploie la négation sans complément: *prenez garde qu'il ne tombe*. L'esprit étant occupé du désir qu'il ne tombe pas, il se sert de la négation qui exprime ce désir; mais il n'est pas permis de dire, *prenez garde qu'il ne tombe pas*.

Garde. Ces deux personnes que vous voyez sont deux *gardes nationales*; dites, *nationaux*. *Garde* est féminin, quand il exprime la compagnie; et il est masculin, quand il signifie les individus qui la composent.

Garderobe. Construction en bois, propre à serrer des habits ou du linge. Il faut se servir du mot *armoire*, soit que cette construction ait un fond, soit qu'elle n'en ait pas: une belle *armoire*, s. f. Une *garderobe*, c'est une chambre où l'on renferme les habillemens d'un prince. On dit d'un simple particulier, qu'il a une riche *garderobe*, pour dire qu'il a un grand nombre de beaux habillemens; mais en toute autre circonstance, le mot *garderobe* s'entend d'une construction qui regarde le maçon, et non le charpentier. Il désigne aussi les latrines: aller à la *garderobe*.

Garenne. Charger des marchandises *en garenne*, c'est-à-dire, sans les emballer; cette expression n'est pas françoise.

Gâte. Ce fruit est gâte; dites, *gâté*.

Gaviot. Dites, *fagot de sarmens*, ou mieux, *javelle*.

Géane. Femme dont la taille excede la stature ordinaire; dites, *géante*, s. f. As-tu vu cette *géante*?

Geler de froid. Pléonasme, c'est-à-dire, surabondance de mots inutiles; dites simplement, *geler*. Je suis *gelé*.

Genevre. Extrait de *genevre*; dites, *genievre*.

Gentil, gentille. Ce mot ne signifie pas qu'on est laborieux; il veut dire *joli, délicat*: une *gentille* bergere.

Gerle. Grand vase de bois pour la lessive; dites, *cuvier*, s. m.

Gérofle. Dites, *girofle*, s. m.

Gibolée. Pluie soudaine, mêlée souvent de grêle; dites, *giboulée*, s. f.

Gicler. Faire *gicler* de l'eau; dites, *jaillir*.

Gifle. Coup du plat de la main sur le visage; dites, *soufflet*, substantif masculin: il lui a donné un *soufflet*.

Gigauder. Remuer les jambes; dites, *gigotter*, v.

Gigue de mouton. Dites, *gigot*.

Girarde. Fleur; dites, *giroflée*, s. f.

Gisier. Le second ventricule de certains oiseaux qui se nourrissent de grains, comme les poules, les pigeons; dites, *gésier*, s. m. Le *gésier* d'une poule.

Gîter. Ce mot n'est pas françois; dites, *demeurer*. On n'a conservé que la troisieme personne du singulier de l'indicatif présent:

> Ci-*gît* ma femme; ah! qu'elle est bien,
> Pour son repos et pour le mien!

On dit encore *gisant*.

Glissiere. Dites, *glissoire*, s. f.

Gloriette. Lieu près du four, et où l'on pétrit la pâte; dites, *fournil*, sans prononcer l'*l*.

Gobille. Jouet d'enfant, fait de pierre ou de marbre, en forme de boule; dites, *globule*, s. m.: il m'a pris mon *globule*. C'est du mot *bille*, sans doute, qu'on a formé *gobille*; mais pourquoi la premiere syllabe? on pourroit se servir du diminutif *billette*, *petite bille*; à Paris, on dit *bille*.

Godiviau. Certain pâté composé d'andouillettes, de hâchis de veau et de béatilles; dites, *godiveau*, s. m.: pâté de *godiveau*.

Gôdron. Espece de gomme ou poix, servant principalement à calfater les vaisseaux; dites, *goudron*, et *goudronner*, au lieu de *gôdroner*. Le *godron* est une espece de moulure relevée en forme d'œufs.

Gongoner. Dites, *gronder*.

Gorgossel. Manger à la *gorgossel*, c'est manger sans autre assaisonnement que le sel; dites, à la *croque au sel*.

Goubeau. Dites, *gobelet*, s. m.

Goulet. Cou de bouteille: ce mot a vieilli; dites, *goulot*, s. m.

Goutte. L'amour n'y voit *goutte*. Il est ridicule que l'usage emploie l'adverbe relatif *y*, qui n'est nullement nécessaire, ainsi que dans *je n'y vois pas*. Autant vaudroit-il dire, *je n'y entends pas*. Il faudroit dire simplement, *l'amour ne voit goutte; je ne vois rien*. Mais si l'on vouloit parler de l'endroit où l'on ne voit pas, on diroit: *il fait nuit dans ce bois, je n'y vois rien*; c'est-à-dire, *je ne vois rien dans ce bois*.

Graboton. Se mettre *en graboton*; dites, se tenir *à genoux repliés*.

Grabotter. Si c'est le feu, dites, *charbonner*, *tisonner*; si c'est la terre, dites, *fouiller*.

Gracieusité. Civilité, honnêteté, gratification; dites, *gracieuseté*, s. f.

Grapin de poêle. Dites, *fourgon*, s. m.

Graspille. Jeu d'enfant: jeter quelque chose à la *graspille*; le jeter au milieu d'une troupe d'enfants qui cherchent à s'en saisir; dites, *gribouillette*, s. f.: jeter quelque chose à la *gribouillette*.

Grenouille. Machine formée d'un arbre ou essieu, auquel on attache des leviers, et qui sert à lever des fardeaux; dites, *treuil*, s. m.

Grepe. Oiseau aquatique; dites, *grebe*, s. m.

Grese. Soie *grese*; dites, *grege*.

Gribouiller. Il *gribouille*; dites, il *barbouille*, v.

Gril. Ustensile de cuisine. *La gril*. On le fait féminin quand on le prononce seul, mais c'est une faute. Il faut dire, le *gril*, s. m.: apportez *le gril*. On ne fait pas sentir l'*l* dans le discours familier, et lorsqu'on la fait entendre, elle est mouillée.

Grillet. Plante dont les tiges sont menues, sans feuilles, et portent un bouquet de fleurs blanches ou bleues, d'une odeur agréable; dites, *muguet*: le *muguet* vient de lui-même dans les bois. Le mot *grillet*, signifie, en terme de blason, une petite sonnette ronde qu'on met au cou des chiens et aux jambes des oiseaux de proie.

Grillet. Insecte; dites, *grillon*, s. m.

Gringotter. Être transi de froid; dites, *grelotter*. *Gringotter* signifie fredonner mal un air; il signifioit autrefois *frissonner*.

Griveliner. Jouer mesquinement, faire quelques petits profits illicites; dites, *grimeliner* ou *griveler*, d'où l'on a fait, *griveleur*, *grivelerie*.

Grognon. Chagrin, fâcheux; dites, *grogneur*: c'est un *grogneur*.

Groles. Dites, *mauvais souliers*.

Groton. Morceau de croûte; dites, *crouton*, s. m.: un *crouton* de pain.

Grotte de pain béni. Dites, *chanteau*: j'ai eu le *chanteau*; je ferai le pain béni.

Guêtes. Espece de bas qui se boutonnent; dites, *guêtres*, s. f.: de bonnes *guêtres*.

Guille. Petite broche de bois servant à boucher le trou qu'on a fait à un tonneau pour donner de l'air; dites, *dusil*, s. m. Le fausset est aussi une broche par où on tire du vin: il faut mettre un *fausset* à ce tonneau.

H.

Haïr. Ce verbe a deux syllabes au passé simple, *je haïs*; une seule au présent, *je hais*.

Hape. Espece de clou; dites, *patte*, s. f.

Hardi. Courageux, assuré; l'*h* est aspirée; dites, le *hardi* coquin, et non pas *l'hardi*.

Hareng soret. L'*h* est aspirée, et le *g* ne se prononce pas. On dit indifféremment, *saur* ou *sauret*. Le premier se dit par contraction, des *harengs saurs*. Cette espèce est ainsi appelée, parce qu'elle est à demi salée. Le mot *saur* signifie, qui est de couleur jaune, tirant sur le brun: un cheval *saur*.

Harpie. Grande perche armée d'un crochet; dites, *croc* ou *gaffe*.

Hémorragie de sang. Pléonasme; dites simplement, *hémorragie*, s. f.

Hermite, *hermitage*. Écrivez ces deux mots sans *h*, à cause de l'étymologie, *eremita*, *eremus*.

Heure. Quelle *heure est-ce*? dites, quelle *heure est-il*?

Heureux: heureux comme tout. C'est une de ces expressions absurdes et insignifiantes, qu'on peut facilement remplacer: je suis *heureux autant qu'on peut l'être*.

Heurler. Il se dit d'un cri long que font les loups et les chiens; dites, *hurler*, en aspirant l'*h*, ainsi que dans *hurlement*.

Homme de vigne. Mesure; journée d'un vigneron; dites, *hommée de vigne*, s. f.: il a acheté trente *hommées de vigne*.

Honteux. Qui a de la confusion; l'*h* est aspirée; prononcez fortement ainsi que dans *honte*, sans élision ou suppression de voyelle et sans liaison de consonne.

Horillon. Coup sur la tête; dites, *horion*, l'*h* est aspirée: donner un *horion*. Ce mot vieillit, et il est familier.

Horloge. Ne dites pas, *un bel horloge*, mais *une belle horloge*. Ce mot est du genre féminin.

Houches, les houches du boulanger. Morceaux de bois en deux parties égales, sur chacune desquelles on fait des coches ou entaillures, pour tenir compte du pain et du vin. Le mot françois est *tailles*, s. f. pl.: les *tailles* du boucher. On dit dans un sens différent, *houcher la tête*, la branler, la secouer, pour marquer son improbation; dites, *hocher* la tête.

Hucher sur des perches. Dites, *jucher*, *percher*, v.

Huile. *Du bon huile*; dites, *de la bonne huile*, s. f. Les noms terminés ainsi sont tous féminins, excepté *style*, *péristile*, *chyle*, *asile*, *reptile*, *évangile*.

Hurter. Choquer, toucher ou rencontrer durement; dites, *heurter*: il m'a *heurté* en passant, et jamais *hurter*, *frapper*.

Hypocondre. Cet homme est *hypocondre*, c'est-à-dire, mélancolique; dites, *hypocondriaque*. Le premier mot exprime la maladie, et il est substantif. Le second est adjectif. L'Académie dit que cet abus n'a lieu que dans la conversation.

Hymne. Du genre féminin, s'il s'agit du chant de l'église; masculin hors de là.

I.

Imberline. Étoffe; dites, *iberline*, s. f.

Imiter l'exemple. Dites, suivre l'*exemple*: on *imite* la conduite, on suit l'*exemple*.

Immense. On prononce souvent ce mot comme s'il étoit écrit de la maniere suivant, *ainmense*; ne prononcez qu'une *m*, c'est-à-dire, que dans la premiere syllabe, on ne doit entendre que le son de l'*i*, ainsi que dans *immoler*, *immodestie*, *immuable*, *immanquable*, etc.

Imposer. Ce verbe reçoit un grand nombre d'acceptions. Il signifie mettre à contribution: *imposer* le peuple; *imposer* les mains, les mettre dessus; *imposer* un fardeau; *imposer* le silence; c'est-à-dire, ordonner qu'on se taise; *imposer* du respect, en inspirer. Il se prend aussi dans le sens de donner une idée avantageuse de soi, de son mérite, de sa personne; et c'est dans ce cas que l'on se trompe en disant: cet homme a une physionomie qui en *impose*; il faut dire simplement, qui *impose*, en retranchant le mot *en*. Si vous le mettez, cette expression signifiera alors, ou que vous voulez *abuser*, *surprendre quelqu'un*: vous voulez nous en *imposer*; ou que l'on *ment*: ne le croyez pas, il vous *en impose*; mais en parlant d'un homme *imposant*, vous direz, il *impose*.

Incan. Vente publique faite à l'enchere; mot corrompu; dites, *encan*, s. f.: mettre à *l'encan*.

Incendie. Embrâsement d'un bâtiment: une affreuse *incendie*. Ce substantif est du genre masculin; dites, un grand *incendie*. Ce mot fait exception, ainsi que *génie*, *messie*.

Indemnité. Prononcez *indamnité*. Voyez *Solemnel*.

Infecter. Les brigands *infectent* les grands chemins; dites, *infestent*, *pillent* ou *ravagent*. *Infecter* signifie, répandre mauvaise odeur.

Ingrédient. Ce qui est dans la composition de quelque chose. Prononcez la derniere syllabe comme s'il y avoit un *a*; *ent* sonnent toujours comme *ant*.

Insecte. Une *insecte*. Ce mot est masculin; dites, un *insecte*: le puceron est un *insecte* curieux.

Interêt. Ce mot s'accentue et se prononce mal. Le premier *e* est fermé, et marqué d'un accent aigu, le second est très-ouvert, et prend l'accent circonflexe; dites et écrivez, *intérêt*.

Interloquer. Interdire, interrompre: il m'a dit une chose qui m'a tout *interloqué*. Ce mot n'est françois que lorsqu'il s'agit de donner un jugement *interlocutoire*; jugement qui ne termine pas une affaire. Terme de pratique.

Intervalle. Distance, espace qu'il y a d'un lieu ou d'un temps à un autre. Ce mot est du genre masculin. Il faut dire, *un intervalle*, et non pas *une intervalle*. Il est vrai que cette terminaison indique ordinairement le féminin, excepté, dans *râle*, *mâle*, *scandale*, *hâle*, etc.

Irruption de la petite vérole, du Vésuve; dites, *éruption*. L'*irruption* est l'entrée soudaine des ennemis. Le mot *éruption* vient du mot latin *erumpere*, qui veut dire, *sortir*, *s'échapper*. Le mot *irruption* vient d'*irruere*, qui signifie se jeter avec violence et fureur.

Ivoire. Ne dites pas, de l'*ivoire* blanche. Ce mot est masculin.

J.

Jaiet. Pierre noire et luisante: des boutons de *jaiet*; dites, *jais*.

Jacquet. Jeune domestique; dites, *jokey*, mot anglois.

Jambe-rotte. Marcher *à jambe-rotte*: Marcher un pied en l'air. Ce mot *rotte*, qui signifie *rompu*, *cassé*, nous vient des Italiens; ils disent *banca-rotta*, dont nous avons fait *banqueroute*. Mais *jambe-rotte* n'est pas françois; dites, *cloche-pied*: marcher à *cloche-pied*.

Je. Aime-*je*; dites, aimé-*je*. Toutes les fois que les verbes terminés par un *e* muet sont suivis du pronom personnel *je*, le premier *e* prend un accent aigu, pour éviter la prononciation de deux *e* muets de suite. C'est une regle dans notre langue, qu'il ne doit jamais se trouver deux *e* muets de suite dans un mot simple. Il n'y a d'exception que pour les mots, *chevelure*, *ensevelir*. L'*e* pénultieme dans les autres mots devient *e* moyen, ainsi que dans *pere*, *mere*, *frere*, et cet *e* ne doit pas prendre l'accent grave; cet accent est inutile et vicieux: je dis qu'il est inutile, puisqu'on ne peut pas prononcer autrement; il est vicieux, car l'accent grave annonceroit un *e* ouvert, comme dans *abcès*, *procès*; au lieu qu'il faut prononcer un *e* moyen, qui tient le milieu entre l'*e* fermé et l'*e* ouvert.

Jeté. Porte *jetée*; dites, porte *déjetée*.

Jouin. Le septieme mois de l'année; dites et écrivez, *Juin*, monosyllabe.

Jujube. Un *jujube*, fruit pectoral et apéritif; dites, une *jujube*, s. f.

L.

La. Êtes-vous malade? Je *la* suis. Il y a un solécisme dans cette phrase, malgré l'autorité de madame de Sevigné, qui auroit cru, disoit-elle, avoir de la barbe au menton, si elle eût répondu à cette question: je *le* suis. Êtes-vous mariée? répondez, je *le* suis, et non je *la* suis; mais si l'on vous demande: êtes-vous *la* mariée? dites, je *la* suis; c'est-à-dire, je suis *la* mariée. Êtes-vous *les* chasseurs du Roi? nous *les* sommes. Êtes-vous chasseurs? nous *le* sommes; c'est-à-dire, nous sommes ce que vous dites, nous sommes chasseurs; au lieu que si l'on répondoit à cette question, êtes-vous chasseurs? nous *les* sommes; cela voudroit dire, nous sommes *les* chasseurs, et cette réponse ne seroit pas conforme à la demande. Si le mot devant lequel se trouve l'article est adjectif, l'article est sans accord dans la réponse; s'il est employé comme substantif, l'article prend le genre et le nombre.

Laidron. Fille ou femme laide. Ce mot est du genre féminin et de trois syllabes; dites, une *laideron*. J. J. Rousseau a fait cette faute dans ses confessions.

Laisser. Je me suis *laissé dire*; dites, on m'a *appris*, ou on m'a *dit*.

Lait de carpe. Cette partie des entrailles de poissons mâles, qui ressemble à du lait caillé; dites, *laite* ou *laitance*, s. f.: cette *laitance* n'est pas fraîche.

Lamperon, pour *lampion*. Le *lamperon* est le petit tuyau ou la languette qui tient la mêche dans la lampe.

Lancer. Souffrir comme d'une piqûre; dites, *élancer*. Ce verbe, pris dans ce sens, ne s'emploie qu'à la troisieme personne. Ne dites pas non plus des *lancées*, mais des *élancements*.

Landes. Œufs dont les poux éclosent; dites, *lentes*, s. f. Le mot *landes* signifie une grande étendue de terre où croissent des bruyeres: les *landes* de Bordeaux.

Larmise. Dites, *lézard gris*.

Laurelle. Plante dont les feuilles ont quelque ressemblance avec celles du laurier; dites, *lauréole*, s. f.: une belle *lauréole*.

Leur, *leurs*. Ne dites jamais, je *leurs* ai avoué. *Leur* devant un verbe ne prend jamais d'*s*. Il en peut prendre seulement, quand il est pronom possessif: *leurs* enfants; mais non quand il est pronom personnel.

Lichefrite. Ustensile de cuisine, ordinairement de fer, et qui reçoit la graisse de la viande qu'on fait rôtir; dites, *léchefrite*, s. f.: petite *léchefrite*.

Lier les dents. Dites, *agacer*.

Lissieu. Dites, eau de *lessive*.

Loin. Je suis allé chez mon ami pour le voir; il étoit déjà *loin*; pour dire qu'il étoit déjà parti. On peut être parti d'un lieu, sans en être *loin*.

Losange. Figure de géométrie: un *losange*; dites, une *losange*, s. f. Cette terminaison indique ordinairement le masculin, excepté *fange*, *frange*, *fontange*, *orange*, *grange*, *louange*, *phalange*, *vendange*, *vidange*.

Louette. Petit morceau de chair au fond de la bouche; dites, *luette*, s. f.

Luce. Bois de *Sainte Luce*; dites, bois de *Sainte Lucie* ou *Mahaleb*.

Lui, *en*, *y*. En parlant des choses, on emploie le pronom *en* au lieu de *lui*, et le pronom *y* au lieu d'*à lui*. On ne dit pas, en parlant d'une maison, n'approchez pas d'*elle*; on dit, n'*en* approchez pas; et en parlant des sciences: il s'*y* est adonné et non il s'est adonné *à elles*.

L'un l'autre. *L'un l'autre* et *l'un et l'autre* ne doivent pas s'employer indifféremment. *L'un l'autre* marque réciprocité, ils se sont trompés *l'un l'autre*, c'est-à-dire mutuellement. Ils se sont dupés, ils se sont trompés *l'un et l'autre*, c'est-à-dire, ils se sont trompés tous les deux; mais non pas que l'un ait trompé l'*autre*. Ces nuances, pour être délicates et presque imperceptibles, ne doivent pas moins être senties de ceux qui aspirent à la parfaite connaissance de leur langue, d'autant plus que ces différences en font la richesse.

Luna campana. Plante médicinale; dites, *enula campana*.

Luquerne. Ouverture ou sorte de fenêtre pour donner du jour; dites, *lucarne*, s. f.

M.

Machiller. Mâcher avec négligence; dites, *mâchonner*, v.

Machillere. Dents *machilleres*; dites, *mâchelieres*.

Mal de St-Jean. Dites, *épilepsie*, s. f., ou *mal caduc*.

Maladier. Dites, être *malade*; ne dites pas, elle est *maladice*, mais *maladive*; les adjectifs en *if*, changent l'*f* en *v* au féminin.

Mâle. Mettre des marchandises dans une *mâle*. Écrivez *malle*, et prononcez l'*a* bref et aigu, à cause de la double consonne.

Malgré que. J'y irai, *malgré qu*'il y soit; cette locution n'est pas françoise. *Malgré* ne se construit qu'avec le verbe *avoir*: *malgré qu*'il en ait. Quand je dis, *malgré que* vous en eussiez, c'est comme si je disois, *quelque* mauvais gré *que* vous en eussiez; par-tout ailleurs il est préposition.

Malin, *maline*. Fievre *maline*; dites, *maligne*, adj.

Maltois. Faut-il dire *Maltès* ou *Maltois*? l'usage a prévalu en faveur du son de l'*e* ouvert, comme dans *Anglois*, *Polonois*. Il faut observer que la diphthongue *oi* a deux sons: celui de l'*e* ouvert, ainsi que dans *François*, *j'aimois*, et le son *oa*, comme dans *loi*, *foi*, *Chinois*. Voltaire a introduit une nouvelle orthographe à cet égard. Il a remplacé l'*oi* par l'*ai*; mais cette réforme est vicieuse, en ce que l'*ai* a plusieurs sons, et en a plus que l'*oi*. Il a le son fermé dans les futurs *j'aimerai*, dans les passés *j'aimai*; le son de l'*e* moyen dans il *plait*; le son de l'*e* muet dans *bienfaisant*; et le son de l'*e* ouvert dans *jamais*, *mais*. Pour faire une réforme complette, il falloit remplacer *oi* par l'*e* marqué d'un accent grave, comme dans *succès*, *procès*. L'orthographe seroit alors conforme au son; avantage que n'offre pas l'orthographe de Voltaire.

Mandrille. Espece de casaque que portoient autrefois les laquais; dites, *mandille*, s. f.: traîner la *mandille*, c'est-à-dire, être misérable.

Manette, *manillon*. La partie d'un vase ou d'un instrument que l'on prend à la main; dites, *anse*, s. f. *Manette* signifioit autrefois *main pleine*. *Manillon* se dit mal à propos d'un *trousseau* de clefs.

Manicle. Morceau de cuir que les cordonniers mettent à leur main, pour qu'elle puisse résister au travail; dites, *manique*, s. f.

Maniganterie. Maison où se tiennent les enfans de chœur; dites, *manécanterie*, s. f. formé de deux mots latins *mane* et *cantare*.

Marais. Poisson de mer. La plupart des Lyonnois prononcent l'*e* fermé du mot *marée* en *e* ouvert, et ils écrivent *marais*.

Maraude. Pillage clandestin des soldats. Ne dites pas, aller *à maraude*; mais, aller *en maraude*.

Marc de café. Ne prononcez pas le *c*, ni dans *poids de marc*; mais on le fait entendre dans *Marc*, nom propre.

Marchon. Piece de bois sur laquelle on met des tonneaux; dites, *chantier*, s. m.: Avoir du vin sur *chantier*.

Margotte. Branche qu'on met en terre, afin qu'elle y prenne racine; dites, *marcotte*, s. f.: *marcotte* d'œillets. On dit aussi *marcotter*, pour exprimer l'action de coucher en terre des branches de vignes ou d'autres rejetons, et non pas *margotter*. Il est vrai que le *c* se prononce foiblement et presque comme un *g*.

Marte. Espece de fourrure; dites, *martre*: *martre*-zibeline.

Martelet. Espece d'hirondelle; dites, *martinet*, s. m.

Matinal. Le *matinal*; dites, *le vent d'est*.

Matinier. Dites, *matineux*. Ce mot signifie proprement, qui est dans l'habitude de se lever matin. *Matinier* n'est d'usage que dans cette phrase: l'étoile *matiniere*. On dit aussi *matinal*; mais ce mot n'exprime que l'idée d'une personne qui s'est levée matin: cette personne est *matineuse*; Monsieur est *matinal* aujourd'hui.

Mècredi. Troisieme jour de la semaine; dites, *mercredi*.

Médecinal. Plante *médecinale*; dites, *médicinale*; formé non de *médecin*, mais de *medicina*.

Melise. Plante dont on se sert pour les affections de la matrice. Il faut mettre un accent aigu sur le premier *e*, et doubler l'*s*; dites donc *mélisse*, s. f.

Mélise. Petite cerise; dites, *merise*.

Même. Adjectif, prend toujours le nombre de son substantif. Voltaire a donc eu raison de relever un solécisme dans ce vers de Corneille:

Que les prisonniers *même* avec lui conjurés.

Il faudroit *même* avec un *s*, parce qu'il est adjectif de prisonniers. Mais Voltaire est tombé dans la faute qu'il condamne, lorsqu'il a dit:

Commandons aux cœurs *même* et forçons les esprits.

Mais lorsque *même* est adverbe, il ne prend jamais d'*s*. Racine a cependant commis cette erreur.

Jusqu'ici la fortune, et la victoire *mêmes*,
Cachoient mes cheveux blancs sous trente diadêmes.

Il faut *même* sans *s*, parce qu'il est adverbe; c'est comme s'il y avoit, et la victoire *aussi*.

Menue. Petites herbes de la salade; dites, *fournitures*, s. f. *Menue* est un adjectif.

Messelier. Celui qui garde les récoltes; dites, *messier*, s. m.

Messi. Expression de remercîment; dites, *merci*: *merci*, Monsieur.

Midi. Il est *midi* précise. Cette expression renferme un solécisme. Le mot *midi* est masculin; dites, il est *midi* précis.

Mieux. Il a *mieux* de cent mille livres de rentes. Jamais l'adverbe *mieux* ne s'emploie pour *plus*; dites donc, il a *plus* de cent mille livres de rentes. *Mieux* exprime la manière, et *plus* la quantité; ne dites pas: il aime *mieux* sa fille que son fils; mais dites: il aime *plus*.

Mignotise. Espece de petit œillet; dites, *mignardise*, s. f.

Mite. Gants de femme qui n'ont que le pouce; dites, *mitaines*, s. f.: il m'a donné de jolies *mitaines*.

Mœurs. Ne prononcez pas l'*s*, à moins que ce mot qui n'a point de singulier, ne soit suivi d'un autre qui commence par une voyelle.

Moi. Ce pronom de la premiere personne, et les autres, occasionnent des erreurs dans la place qu'on leur fait occuper: donnez-*moi*-le, donnez-*lui*-le, sont des fautes communes; il faut savoir, pour les éviter, que le régime direct exprimé par *le*, *la*, *les*, etc., se place toujours avant le régime indirect; dites, donnez-le-*moi*; donnez-le-*lui*. On tombe encore dans une faute à l'égard du pronom personnel; on dit, menez-m'*y*, pour dire, menez-y-*moi*, ou mieux, il faut m'*y* mener, et jamais, menez-*moi-zy*. *Venez-moi voir* est encore une expression très-usitée, et qui n'est pas correcte. Quand ce pronom régime est avant le verbe, il faut employer *me* au lieu de *moi*; dites, venez *me* voir; venez *me* parler, et non pas venez-*moi* parler.

Moine. Jouet d'enfant, qu'on fait tourner à coups de fouet; dites, *sabot*, s. m.: faire aller son *sabot*.

Monter. Il a *monté*; dites, il *est monté*; ces deux expressions sont exactes, mais ne se disent pas indifféremment. Le verbe *avoir* marque l'action, et le verbe *être* l'existence ou le repos; si donc vous voulez n'avoir égard qu'à l'état, sans considérer l'action du sujet qui l'a faite, dites, il *est monté*. Dans ces deux questions: la procession *est*-elle passée? la procession *a*-t-elle passé? la seconde differe de l'autre, en ce que, dans la premiere, je ne fais attention qu'à l'action, qui a pu être faite ou non: *a*-t-elle passé aujourd'hui? et non, *est*-elle passée aujourd'hui?

Monticule. Ce mot est masculin, ainsi que *mont*, dont il est le diminutif; dites, *un monticule*, s. m.

Mordure. Dites, *morsure*, s. f.

Mornains. Sorte de raisins qui ont les graines rondes, et ordinairement claires; dites, *chasselas*, s. m.: j'aime le *chasselas*.

Morte. Endroit d'une riviere où l'eau tourne; dites, *tournant d'eau*. On dit *morte*, pour *cessation de travail*; le mot *morte* n'est pas françois dans ce sens.

Moucher. Je *mouche* beaucoup; dites, je me *mouche* beaucoup, en redoublant le pronom de la premiere personne. Ce verbe exprimant une action, il faut faire connoître sur qui elle se fait: je *mouche* la chandelle.

Mouchon. Le bout de la mèche d'une chandelle allumée; dites, *moucheron*, s. m.; et *mouchure*, pour désigner ce qu'on a retranché d'une chandelle qu'on a mouchée.

Moudre. Je *moulus*, je *moulois*, j'ai *moulu*, je *moudrai*, que je *moule*, que je *moulusse*.

Moule. Jeter au *moule*; cette expression n'est pas correcte; dites, jeter en *moule*.

Mourve, *mourveux*. Dites, *morve*, *morveux*.

Moutardelle. Gros saucisson qui vient d'Italie; dites, *mortadelle*, s. f.

Moyennant que, n'est pas françois: j'y irai *moyennant que* vous y soyez; dites, *pourvu que*.

N.

Nerte. Sorte d'arbrisseau toujours verd, dont les feuilles sont menues; dites, *myrte*, s. m. Le *myrte* étoit consacré à Vénus. *Nerte* signifioit autrefois, *noirceur*, *noirâtre*.

Neuf. Nom de nombre. Suivi d'un mot qui commence par une voyelle, l'*f* finale se change en *v* dans la prononciation: *neuf* enfants; prononcez, *neuv* enfants.

Niguedouille. Sot, niais: vous êtes un *niguedouille*; dites, *nigaud*, d'où l'on a formé le verbe *nigauder*, action de faire des *nigauderies*.

Nioche. Cette fille est *nioche*; dites, *lâche* ou *nonchalante*.

Nogat. Espece de gâteau où l'on met des amandes; dites, *nougat*, s. m.

Nonante, *nonanter*. Faire quatre-vingt-dix au piquet; dites, faire *repic*; et au lieu de *soixanter*, dites, faire *pic*.

Nourriceux. Mari d'une nourrice; dites, *nourricier*, s. m.

Nourrissage d'un enfant; dites, *allaitement*.

Nouveau. Savez-vous quelque *nouveau*? dites, *nouvelle*, qui est substantif dans ce sens, au lieu que l'autre est toujours pris adjectivement.

O.

Observer. *J'observe* à la cour. Ce mot signifie *remarquer*; on ne *remarque* pas à quelqu'un, on lui fait *remarquer*; dites donc, je *fais observer* à la cour; je vous *ferai observer*, et non pas, je *vous observerai*; à moins qu'on ne veuille dire, je vous *épierai*, je vous *soignerai*. Cette faute est d'autant plus à remarquer, que nos meilleurs auteurs ne s'en sont pas garantis.

Occasion. Avez-vous *occasion* de cette marchandise? Cette locution est vicieuse: on peut bien acheter telle marchandise par *occasion*, mais on n'a pas *occasion* d'une chose, on en a *besoin*.

Oignon. Ne prononcez pas l'*i*, le *g* est mouillé. Ne dites pas, une *liasse* d'*oignons*, mais un *chapelet d'oignons*, ou plutôt, *une glane d'oignons*.

On. Le pronom indéfini *on* ne se met pas toujours indifféremment pour *l'on*. Il faut se servir de *on* quand il n'y a point de voyelles qui se heurtent rudement, et autrement mettez *l'on*: *on* se souvient des services qu'*on* a rendus, et *l'on* oublie souvent ceux que *l'on* a reçus. Mais la poésie, en vertu de ses licences, emploie l'un et l'autre indifféremment.

Ongle. Partie dure et ferme qui couvre le dessus du bout des doigts: de grandes *ongles*. Ce substantif est toujours masculin; dites donc, de grands *ongles*, des *ongles* longs.

Onglet. Ce qui garantit le doigt; dites, *doigtier*, s. m.

Oragan. Grand orage, tempête violente; dites, *ouragan*, s. m.: un grand *ouragan*.

Oratoires. Il y avoit à Lyon une communauté de prêtres qu'on nommoit *Oratoriens*, et la place où étoit située leur église, s'appelloit et s'appelle encore, place de l'*Oratoire*, ou place des *Oratoriens*, et non place des *Oratoires*.

Orge. Ce mot est féminin, excepté dans cette phrase: de l'*orge* mondé.

Orgues. Instrument. Ce mot est masculin au singulier, et féminin au pluriel;

vous direz donc, un bel *orgue*, et de belles *orgues*.

Oubli. Pâte légere en forme spirale: marchand d'*oublis*, dites, *oublies*, s. f.: de bonnes *oublies*.

Ouiller. Ce mot manque à notre langue. On dit, *remplir* les tonneaux, vin de *remplage*; c'est-à-dire, le vin qui sert à remplir le vide des tonneaux.

Oursin. Petit ours; dites, *ourson*, s. m.

Ouvrier. Jour *ouvrier*; l'ouvrier est celui qui travaille, qui fait son métier, son œuvre; dites, jour *ouvrable*, en parlant du jour consacré au travail.

P.

Pache. Faire une *pache*, pour dire, un *marché*, une *convention*.

Paillasse. Ouvrage d'osier dans lequel on met le pain pour le porter au four; dites, *panier à pain*. On ne doit pas se servir du mot *paillasse*, pour exprimer la toile du lit, dans laquelle on met la paille; cela s'appelle, *garde-paille*, s. m.

Pain enchanté. Dites, *pain à cacheter*. On nomme *pain à chanter*, le pain que le prêtre consacre à l'autel. De là est venu ce mot, qu'on a corrompu.

Paire. Une chose unique, composée de deux pieces. Ne dites pas, *un paire*; ce mot est féminin; dites, *une paire*.

Paniere. Ouvrage de maçonnerie sur lequel repose l'âtre; dites, *ceintre* de la cheminée.

Panneau. Piece de bois qui se met en travers au-dessus d'une porte ou d'une fenêtre; dites, *linteau*, s. m.: le *linteau* de la porte est cassé.

Pantomine. Sorte de ballet ou d'acteurs qui s'expriment par des gestes; dites, *pantomime*, s. m. en parlant de l'acteur, et féminin en parlant de la danse. Ce nom est formé de deux mots grecs, *pantos*, tout, et *mimos*, imitateur. C'est un adjectif pris ordinairement en qualité de substantif: un acteur *pantomime*, une danse *pantomime*.

Pâque. Ce mot est féminin quand il signifie la fête des Juifs (*la Pâque*), et masculin quand il exprime celle des chrétiens; alors, il prend ordinairement un *s*, et n'admet point d'article: *Pâques* est venu; et au pluriel, il est toujours féminin: *Pâques fleuries*.

Par terre. Mettre *par terre*; dites, mettre *à terre*. Ne confondez pas tomber *par terre*, et tomber *à terre*: ce qui tombe *par terre*, tient à la terre, et ce qui tombe *à terre*, n'y tient pas.

Parapel. Muraille à hauteur d'appui le long d'un quai; dites, *parapet*.

Parasine. Dites, *poix résine*.

Pardonnable. Cette personne n'est pas *pardonnable*; dites, *excusable*. Le premier ne se dit que des choses.

Pardonner. *Pardonner* quelqu'un. Le mot *pardonner* signifie donner le pardon; on donne le pardon à quelqu'un; dites donc, je *pardonne à* mon ennemi, et non pas, je *pardonne* mon ennemi.

Paresol. Dites, *parasol*; ne dites pas non plus, *parepluie*, *parevent*; mais *parapluie*, *paravent*.

Pariure, *gageure*. Dites, *pari*: faire un *pari*, ou une promesse réciproque de payer.

Participe. Le *participe* passé est un écueil pour beaucoup de personnes, et même pour quelques écrivains. Dans cet exemple,

> Pauvre Didon, où t'a *réduite*
> De tes maris le triste sort?
> L'un en mourant cause ta fuite,
> L'autre en fuyant cause ta mort.

Faut-il dire, t'a *réduit* ou *réduite*? Voici la regle: si le *participe* est précédé d'un pronom régi à l'accusatif, ce *participe* prend le genre et le nombre du pronom. Ainsi, dans le cas dont il s'agit, je vois que le pronom *la* est régime de l'auxiliaire placé devant le *participe*; il faut donc accorder ce dernier mot avec le pronom féminin, et dire *réduite*. De même, lorsqu'on dit, elle s'est *tuée*, *le* est régime direct ou accusatif de l'auxiliaire; c'est comme si l'on disoit, elle a *tué* elle. Si au contraire le *participe* n'a point devant lui de pronom à l'accusatif, ou qui soit régime direct, vous ne les ferez point accorder; ainsi, vous direz: je vous ai *ouvert* les portes; je vous ai *écrit* des lettres; au lieu que vous diriez, s'il y avoit un pronom régime direct: les portes que j'ai *ouvertes*, les lettres que j'ai *écrites*. Si le pronom est regi par le verbe qui suit le *participe*, il n'y a point d'accord: la maison que j'ai *fait* faire. Le pronom *que* est régi par le verbe *faire*, et non pas par le *participe*. Mais quelle est la raison qui détermine l'accord lorsque l'objet est avant, et le rejette lorsque l'objet est après le *participe*? La voici: quand l'objet est énoncé avant, on connoît le genre et le nombre du nom représenté par le pronom *objet*, et on assujettit le participe à prendre les accidents de cet objet; mais si le *participe* précede cet objet, il ne s'accorde pas avec un mot dont il ne connoît ni le genre ni le nombre.

Participer à; *participer de*. Deux expressions différentes, et que l'on confond souvent. La premiere signifie, prendre sa part dans une chose: un associé dans une affaire, *participe aux* profits et *aux* pertes. *Participer de*, signifie tenir de la nature *de*; ainsi, on dit, qu'un minéral *participe du* vitriol; que le mulet *participe de* l'âne et du cheval. En conséquence, ne dites pas, comme certain auteur critique: «Le style de ce discours devoit naturellement *participer au* vice du sujet»; dites, devoit *participer du* vice.

Passer. *Passer* du linge; dites, *repasser*.

Patat. Ancienne monnoie; dites, *patard*, s. m.

Pâté. Mélange de pain et de viande pour les animaux. Ce substantif est du genre féminin; dites, donner la *pâtée*. *Pâté* est un mêts que fait le pâtissier. Ce dernier est masculin.

Patis. Le *patis* d'une poule; dites, le *jabot*.

Patte. *Patte* à briquet, *patte* mouillée. Ce mot ne se prend plus dans ce sens; il signifie le pied d'un animal: *patte* de devant; animal à quatre *pattes*. *Chiffon*, s. m., *mauvais linge*, sont les seuls mots qui peuvent exprimer la premiere idée. On trouve cependant dans des auteurs du quinzieme et du seixieme siecles, et notamment dans Françoise Labbé, *patte* mouillée; ce qui prouve que ce terme a été long-temps en usage, même parmi les écrivains. *Patte* mouillée est devenue une expression proverbiale; mais à Lyon, la premiere dénomination a prévalu.

Pége. Matiere gluante et noire; dites, *poix*.

Pêcherie. Lieu où l'on vend le poisson; dites, *poissonnerie*. La *pêcherie* est l'endroit où se fait la pêche.

Pelosse. Fruit d'un arbre qui croît dans les buissons; dites, *prunelle*, s. f., et appelez l'arbre, *prunelier*.

Pendule. Signifiant poids d'une pendule, est masculin; et signifiant horloge, il est du genre féminin: on a ôté le *pendule* de cette *pendule*.

Penser. Représenter quelques images à son esprit. Le peuple fait souvent de ce verbe, un verbe passif, en disant, *je me suis pensé*, pour *j'ai pensé*. Je me suis *pansé*, écrit avec un *a*, signifie qu'on a levé l'appareil d'une plaie, ou qu'on y a appliqué les choses nécessaires. C'est dans ce dernier sens qu'un Roi de France fit une excellente réplique à un de ses sujets qui faisoit de fréquens voyages en Angleterre: Qu'allez-vous faire si souvent dans ce pays, lui demanda le Monarque? Apprendre à *penser*, répondit le sujet: les chevaux? répliqua Louis XV.

Percerette. Outil de fer propre à percer; dites, *vrille*, s. f.: cette *vrille* est trop petite.

Perdrigone. Sorte de prune; dites, *perdrigon*, s. m.: *perdrigon* blanc.

Pereroux. Artisan qui fait et vend des chaudrons et autres ustensiles de cuisine; dites, *chaudronnier*, s. m.: il est bon *chaudronnier*. Ce mot vient de *pérole*, usité encore en Languedoc, pour exprimer un *chaudron*; on disoit autrefois, *perrolier*, marchand de chaudrons. Il y a à Lyon une rue qu'on appelle de la *Pérollerie*, sans doute, parce qu'on y vend des ustensiles de cuisine, qu'on nommait autrefois *pérolleries*.

Pesanter. Soutenir un poids pour juger ce qu'il pese; dites, *soupeser*: *soupesez* cela.

Pétriere. Grand coffre de bois dont on se sert pour pétrir le pain; dites, *pétrin*, s. m.: il y a assez de farine dans le *pétrin*.

Picarlat. Petit faisceau de morceaux de bois liés par les deux bouts; dites, *cotrets*, s. m.: achetez une charge de *cotrets*.

Picou de cerise; dites, *tige* ou *queue*.

Pichon. Petit chien; dites, *bichon*, et au féminin, *bichonne*.

Pidance ou *pitance*. Le premier de ces mots n'est pas françois; et le dernier est pris dans une fausse acception; c'est-à-dire, qu'on en restreint la signification aux mêts, tandis qu'il exprime la portion de pain, de vin et de viande, qu'on donne à chaque repas dans une communauté: double *pitance*, s. f. Quelques étymologistes prétendent que ce mot vient de *pitacium*, tablette enduite de poix ou de cire. Dans l'Hôtel-dieu, personne ne recevoit sa portion de pain ou de viande, sans être inscrit sur le catalogue de la maison.

Pigeon patou. Oiseau domestique; dites, *pigeon pattu*: une paire de *pigeons pattus*. Je crois que ce mot *pattus* vient de *patulus*, épais; parce qu'en effet ces sortes de pigeons ont les pattes plus larges et plus épaisses que les autres.

Pigrieche. Pie criarde, et au figuré, une femme d'une humeur aigre et querelleuse; dites, *pie-grieche*, s. f.

Pilliet. Piece de toile qu'on met aux enfants, en guise de serviette; dites, *bavette*, s. f.: cet enfant est à la *bavette*.

Pillocher. Manger négligemment; dites, *pignocher*, v.

Pince. Instrument de fer pour arranger le feu; dites, *pincettes*, s. f. pl. La pince est un pli fait au linge. C'est encore une espèce de tenaille.

Pincer. *Pincer* de la harpe: *pincer* la harpe me sembleroit plus exact; c'est, peut-être, par ellipse qu'on dit, *pincer* de la harpe, comme on dit *toucher* du clavecin, au lieu de, *pincer* les cordes de la harpe, *toucher* les touches du clavecin.

Pine-vinette. Arbrisseau garni de piquants; dites, *épine-vinette*, s. f.

Pipi. Petite peau blanche, qui vient quelquefois au bout de la langue des oiseaux, et qui les empêche de boire; dites, *pepie*, s. f. On dit familierement qu'un homme a la *pepie*, pour dire qu'il a soif.

Pitrogner. Écraser et broyer; dites, *patrouiller*, v.

Platte. Bateau où l'on lave; dites, *bateau de lessive*: la lavandiere est déjà revenue du *bateau de lessive*. C'est une dénomination locale qui signifie un *bateau* plat, où l'on se tient pour laver; cette usine ayant une destination particuliere, il faut un terme particulier aussi; mais ce mot n'est consacré dans aucun dictionnaire.

Plie. Dites, *une levée*, une *main de cartes*. On dit souvent au piquet: j'ai *six plies*; dites, six *levées*, s. f.

Plotte. Petit coussinet pour ficher des épingles; dites, *pelote*, s. f. un *peloton*, s. m.: rendez-moi ma *pelotte*, ou mon *peloton*.

Plus; *plus pire*. Cet adjectif n'admet jamais le comparatif *plus*. *Pire* est lui-même le comparatif de mauvais: il n'est *pire* eau que l'eau qui dort. On ne dit pas non plus: Il est *plus bon* qu'un autre.

Pluvigner. Il *pluvigne*, il tombe une pluie fine. Ce mot n'est pas françois; dites, *il pleut*, ou servez-vous d'une périphrase, comme dans l'explication.

Poche. Mettez votre mouchoir *à votre poche*; dites, *dans votre poche*.

Pochon. Dites, *tache d'encre* ou *pâté*. On a fait *pochon* du verbe *pocher*. *Pocher* un œil. *Pocher*, en terme d'écriture, signifie *barbouiller*.

Pois gourmands. Dites, *pois goulus*.

Pontonier. Celui qui conduit une barque et qui traverse les personnes; dites, *passeur*, s. m. Le *pontonier* est celui qui perçoit les droits de *pontonage*; mais, pour l'ordinaire, le *passeur* est aussi le *pontonier*.

Portable. Cet habit n'est plus *portable*; dites, cet habit n'est plus *mettable*.

Portant. Ne dites pas, il est bien *portant*; dites, il se *porte* bien. Voltaire trouvoit ridicule notre expression, il se *porte* bien, pour dire, il jouit d'une *parfaite* santé; mais on ajoute au ridicule, en disant, il est bien *portant*. Ce verbe étant actif, il veut un régime; sans quoi, on pourroit demander: *portant* quoi? il faut donc le conjuguer avec deux pronoms personnels. Cette expression cependant est reçue généralement.

Portion. Breuvage. *Portion* cordiale; dites, *potion*, s. f.: *potion* calmante.

Postume. Enflure avec putréfaction; dites, *apostême*.

Potet. Petit vaisseau où l'on met la mangeaille des oiseaux; dites, *auget*, s. m., diminutif de *auge*.

Poture. Mettre un cheval en *poture*, pour dire, mettre un cheval saisi, dans une écurie, aux dépens du propriétaire; dites, mettre un cheval en *fourriere*.

Poturon. Espece de citrouille; dites, *potiron*, s. m.

Poule grasse. Herbe bonne à la salade; dites, *mâche*, s. f.: de la *mâche* ou salade de *chanoine*.

Poumonie. Maladie des poumons; dites, *pulmonie*, s. f. On appelle *pulmonique* celui dont les poumons sont attaqués, et non *poumonique*.

Pourpe; *pourpeux*. Ce fruit n'a point de *pourpe*, c'est-à-dire, de parties charnues; dites, *poulpe*, s. f., *poulpeux*: poisson *poulpeux*, qui a de la *poulpe*.

Pourreau. Plante potagere, d'un goût fort, et qui est d'un grand usage pour la soupe; dites, *poireau* ou *porreau*, s. m.; achetez des *porreaux*.

Poutre. Grosse piece de bois, qui sert à former les planchers, ou plutôt à les soutenir. Ce substantif est féminin; dites, une grosse *poutre*.

Près, *prêt*. Elle est *prête* à accoucher. Cette expression n'est pas correcte et rend mal la pensée. Il faut distinguer l'adjectif *prêt*, de la préposition *près*. Le premier de ces mots signifie *préparé*, *disposé*, et demande après lui la préposition *à*: il est *prêt à* partir. Le second marque l'approche: elle est *près d'*accoucher. Celui qui est *près de* mourir, n'est pas toujours *prêt à* mourir. Cette faute se trouve souvent dans les vers de Racine, et quelquefois dans les œuvres de J. J. Rousseau.

Presson. Barre de fer; dites, *pince* ou *lévier*.

Preuve. Rejeton d'un cep de vigne, mis en terre pour prendre racine; dites, *provin*, d'où l'on a formé le verbe *provigner*.

Prévalue. J'ai été contraint de payer cent louis, pour la *prévalue* de mes fonds; dites, pour la *plus-value*.

Prévenir. Cela *prévient* de telle cause; dites, cela *provient*. Le mot *prévenir* signifie, aller *au devant*; et le mot *provenir*, veut dire qui *vient de*, qui *dérive de*: la bonté *provient* quelquefois du bonheur.

Prie-Dieu. Se mettre à genoux sur un *prie-Dieu*: dites, *prié-Dieu*, s. m.

Profiter une chose. Je *profiterai* bien cette étoffe: on *profite* d'une chose, on en tire bon *parti*, mais on ne *profite* pas une chose.

Promener. Je *promene* beaucoup. Il faut conjuguer ce verbe, avec deux pronoms personnels, à moins que le sujet ne soit différent de l'objet, ou le nominatif de son régime: *je me promene*, *tu te promenes*, *il se promene*, etc.

Prorata. Être taxé *à prorata* de sa fortune; dites, *au prorata*, c'est-à-dire, *à proportion*, *à raison*, etc.

Puer. Se conjugue ainsi à l'indicatif présent, *je pus*, *tu pus*, *il put*, et non, *je pue*.

Purésie. Douleur de côté, piquante et très-violente, causée par l'inflammation de la plevre; dites, *pleurésie*, s. f.: il a une *pleurésie*.

Q.

Quadrupler, v. Qui vaut quatre. Il faut prononcer ce mot ainsi: *quoadrupler*; *quadrupler* ses rentes. Il faut prononcer de même, *quadruple*, *quadrupede*, *quadrature*, etc.

Quand. Il est arrivé *quand* vous; dites, il est arrivé *en même temps* que vous. Le mot *quand*, pris en qualité d'adverbe, signifie, *en quel temps*; mais il ne veut jamais dire, *en même temps*.

Quelqu'un. *Un quelqu'un* m'a dit que la paix alloit se conclure. Le mot *quelqu'un* ne doit pas prendre le pronom indéfini *un* devant lui; dites simplement, *quelqu'un* m'a dit.

Quérelle. Contestation. L'*e* de la premiere syllabe est muet; dites, *querelle*, s. f.: une *querelle*. *Quereller*.

Quina. Dites, *quinquina*, s. m. Le *quinquina* est un tonique.

Quincher. Crier d'un ton aigre. Nous n'avons point de verbe qui exprime cette maniere de crier.

R.

Rabilleur. Celui qui fait profession de remettre les os rompus ou disloqués; dites, *bailleul* ou *renoueur*, s. m.: le *bailleul* lui a remis le bras. Ce mot vient de *r'habiller*, *remettre* les habits, les *raccommoder*.

Rablet; *rablé*. Homme *rablet*, c'est-à-dire, homme fort et robuste, qui a le rable épais; dites, *rablu*, adj.: un homme *rablu*.

Rache-pied. J'ai travaillé six heures de *rache-pied*, c'est-à-dire, sans relâche; dites, d'*arrache-pied*, expression adverbiale.

Racle-fourneau. Celui qui fait le métier de ramoner les cheminées; dites, *ramoneur*, s. m.: Faites venir le *ramoneur*.

Radée. Grosse pluie survenue tout-à-coup; dites, *averse*, s. f. Nous étions au chemin au fort de l'*averse*.

Radice. Sorte de gâteau que font les pâtissiers; dites, *brioche*, s. f.; voilà une bonne *brioche*.

Raffouler et *raffoler*. Gronder, se fâcher. Le premier de ces mots n'est pas françois; le second n'exprime point l'idée qu'on y attache. *Raffoler*, signifie se prendre de passion pour quelqu'un ou pour quelque chose: il s'est pris de passion pour cet ouvrage, il en *raffole* continuellement.

Rafroidir. Le dîné se *rafroidit*; dites, *refroidit*, en faisant l'*e* muet.

Raillé. Il se dit des étoffes, dont le tissu est relâché, ou effilé; dites, *éraillé*, adj.: mon jupon est tout *éraillé*.

Ramoulade. Espece de sauce piquante; dites, *rémolade*, s. f.: cette *rémolade* est bien faite.

Ranche. Sur la même *ranche*; dites, sur la même *ligne* ou *rangée*.

Rancuneur. Qui garde de la *rancune*; dites, *rancunier*, adj: cet homme est bien *rancunier*.

Ranger. Il y a une différence à faire entre *ranger* et *arranger*. On *range* pour mettre de l'ordre, et on *arrange*, pour donner de l'agrément. Ne dites pas, cette femme a ses cheveux et son bonnet bien *rangés*, mais bien *arrangés*: ses robes sont bien *rangées*, c'est-à-dire, *serrées* dans une armoire. On *arrange* un appartement, pour s'y loger commodément; on le *range* pour qu'il n'y ait point de confusion dans les meubles. On *arrange* une bibliothèque, pour la mettre en état de recevoir les livres qu'on doit y placer; et on y *range* les livres, dans l'ordre qu'ils doivent avoir, pour qu'on les trouve facilement. Il ne faut pas s'étonner qu'on ait confondu le mot *ranger*, qui signifie *ordre*, avec le mot *arranger*, qui porte l'idée d'agrément et de commodité; il n'y a point d'agrément ni de commodité, sans *ordre*.

Rappeler. Je ne *m'en rappelle* pas. Il y a un solécisme dans cette phrase: on se *rappelle* quelqu'un, quelque chose, et non pas, de quelqu'un, de quelque chose. Ce verbe est actif, comme *appeler* dont il est le duplicatif; dites donc, je me le *rappelle*, ou je m'en *souviens*.

Rapport. Ne dites pas, *par rapport que*, mais *par rapport à ce que*.

Rase. Il a mis le pied dans la *rase*; dites, *ruisseau*, s. m.: il a mis le pied dans le *ruisseau*.

Rassie. Une miche *rassie*; une femme *rassie*; une humeur *rassie*. Le mot *rassis*, est le participe passé du verbe *rasseoir*, et ce participe fait *rassise* au féminin, comme *assis* fait *assise*: une miche *rassise*, une femme *assise*. Un poète a dit:

Qu'un honnête homme une fois en sa vie
Fasse un Sonnet, une Ode, une Élégie,
Je le crois bien;
Mais que l'on ait la tête bien *rassise*,
Quand on en fait métier et marchandise,
Je n'en crois rien.

Rate-volage. Espece d'oiseau nocturne, qui a des ailes membraneuses, et qui ressemble à une souris; dites, *chauve-souris*, s. f.

Rave. *Petite rave*, espece de racine; dites, *raifort*, s. m.

Rayon. Planche qu'on met dans un buffet ou une armoire, contre un mur, pour y entreposer quelque chose; dites, *tablette*: les *tablettes* d'une armoire, d'une bibliothèque, et non pas *les rayons*. Les Suisses appellent ces *tablettes*, des *tablards*. Remarquez que le mot *rayon* doit se prononcer comme si l'*a* étoit un *e*, parce que l'*y* tient la place de deux *i*.

Rebiffade. Brusquerie; maniere de rebuter; dites, *rebuffade*, s. f.: j'ai essuyé plusieurs *rebuffades* de sa part.

Rebiffer. Il se *rebiffe* contre son maître; dites, il se *rebeque*, v.

Rebrouer. Repousser avec rudesse et mépris; dites, *rabrouer*, v.: je l'ai *rabroué* de la belle maniere.

Recolte. Dites, *récolte*, en mettant et prononçant l'*e* fermé.

Recouvrir. Il a *recouvert* son bien et sa santé; dites, *recouvrer*, *recouvré*. *Recouvrir*, c'est *couvrir* une seconde fois; *recouvrer*, c'est *récupérer*, *retrouver*, *ravoir*.

Redonder. Un son qui *redonde*, un son *redondant*. *Redonder*, signifie, être *superflu*, être *surabondant*; un son *résonne*; un lieu, une grotte, une voûte, *retentit* du son qui la frappe.

Redouble. Avoir la fiévre avec des *redoubles*; dites, *redoublemens*, s. m.

Refoin. L'herbe qui repousse après que les prés ont été fauchés; dites, *regain*, s. m.

Règle. On prononce le premier *e* de ce mot fort ouvert, en le marquant d'un accent grave. Cette prononciation est vicieuse; cet *e* est moyen, et rejete, par conséquent, tout signe orthographique: j'en dis autant des mots, il *achève*, il *soulève*; il faut leur donner le son du premier *e* de *pere*, *mere*. *Regle*, *souleve*, *acheve*, changent la prononciation qu'ils ont à l'infinitif, à cause de l'*e* muet final.

Regnicole. On prononçoit autrefois fortement le *gn*, comme dans *ignée*, *stagnation*, *inexpugnable*, *gnome*; on prononce aujourd'hui, comme dans *regne*.

Regret. *Faire regret*; cela fait *regret*; c'est une phrase insignifiante. On a du *regret*, on cause *du regret*; mais on ne fait pas *regret*. Par cette derniere expression, on veut faire entendre que cela *répugne*, que cela *fait mal au cœur*.

Reguelisse. Faire de la tisanne avec du *reguelisse*; dites et écrivez, *de la réglisse*. Ce mot est féminin et n'a que trois syllabes.

Reguingotte. Espece de casaque plus large et plus longue qu'un habit, pour se garantir de la pluie; dites, *redingotte*, s. f.: Prêtez-moi une *redingotte*.

Reins. Des *reins* fortes, dites, des *reins* forts. Ce nom est masculin et toujours pluriel.

Releveuse; *releverie*. Dites, *sage-femme*.

Remarquer. *Je vous remarquerai*; dites, je vous ferai *remarquer*. Voyez, *observer*.

Remise. Sorte de voiture; dites, un *remise*, s. m.: un *remise* vaut mieux qu'un fiacre: la *remise* est l'endroit où l'on met le *remise*.

Remonder. Dites, *émonder*.

Remorier. Se ressouvenir; dites, *remémorer* ou se *remémorer*, v. Je voudrois bien me *remémorer* ce qu'il m'a dit. Ce mot vieillit.

Rempailler. Mettre de la paille à des chaises; dites, *empailler* une chaise.

Remué. *Remué* de germain; dites, *issu* de germain.

Remuer. Se *remuer*, changer d'appartement; dites, *déménager*, v.

Rencontre. J'ai eu un bon *rencontre*. Ce mot étoit autrefois masculin. Il y a, à Lyon, une rue, qu'on nomme rue *du Bon-rencontre*. Ce mot à présent est féminin, excepté dans l'appellation de la rue dont il s'agit.

Renette. Pomme *renette*; dites, *de reinette*. Les pommes *de reinette* sont un peu tardives.

Renvenir. Ce mot n'est pas françois; dites, *s'en retourner*, *s'en revenir*. Il *s'est en allé*, est aussi une expression vicieuse; dites, *il s'en est allé*.

Repartir; *partager*, *distribuer*, prend un accent aigu sur l'*e*: *répartir*, v. *Répartie*, réponse saillante; le premier *e* est muet; dites, *repartie*, sans accent, s. f.

Répentir. Le premier *e* est muet; dites, sans accent, *repentir*.

Dieu fit du *repentir* la vertu des mortels.

Repetasser. Raccommoder grossiérement; dites, *rapetasser*, v.

Repondre; *reponse*. Il faut toujours mettre et prononcer un accent aigu sur le premier *e* de ces mots: *répondre* à quelqu'un.

Reposer. Prenez la peine de vous *reposer*; expression qu'une fausse politesse a introduite: il n'y a point de peine à *se reposer*. Les termes sont en contradiction avec eux-mêmes, ainsi que dans cette autre locution: *prenez la peine de vous asseoir*; dites, *veuillez vous reposer; veuillez vous asseoir*. Ce dernier verbe se conjugue ainsi, *je m'assieds*, *tu t'assieds*, *il s'assied*, *nous nous asseyons*, *vous vous asseyez*, *ils s'asseyent*; *je m'asseyois*; *je m'assis*; *je m'assiérai* ou *je m'asseyerai*; *je m'assierois*, ou *je m'asseyerois*; *assieds-toi*, *que je m'asseye*, *que je m'assisse*.

Reprin. Ce qui sort du son, lorsqu'on le repasse; dites, *recoupe*, s. f.

Reprocher. Les oignons me *reprochent*; dites, me donnent *des retours*, *des renvois*.

Requinquiller. Cette femme se *requinquille*, pour dire qu'elle se pare plus qu'il ne convient à son âge; dites, *se requinque*.

Résimoler. Cueillir dans une vigne, ce qui reste après la vendange; dites, *grapiller*, v.: j'ai envoyé ces enfants *grapiller* dans la vigne.

Retaper les cheveux. Des cheveux *retapés*; dites, *taper* des cheveux; des cheveux *tapés*.

Revange. Action par laquelle on se venge du mal qu'on a reçu; dites, *revanche*, s. f.: prendre sa *revanche*. *Revanger* n'est pas françois; dites, *revancher*, v.

Ric-rac. Expression proverbiale, qui signifie à la rigueur; dites, *ric-à-ric*, adverbe: traiter avec quelqu'un *ric-à-ric*.

Rien. Je n'ai *rien* dîné. Le mot *rien* vient du mot latin *rem*, quelque chose; précédé d'une négation, il signifie *nulle chose*. Cette phrase, je n'ai *rien* dîné ou *rien* soupé, voudroit dire, je n'ai soupé *nulle chose*, je n'ai dîné *nulle chose*; expression absurde; dites seulement, je n'ai *pas* soupé, je n'ai *pas* dîné. Ces verbes ne prennent pas de régime direct. On dit: souper *de quelque chose*, et non *quelque chose*. Ce mot n'admet point la négation *pas*. Ainsi Racine a eu tort de dire, dans les plaideurs:

On ne veut *pas rien* faire ici qui vous déplaise.

Les femmes savantes de Moliere vouloient chasser leur servante, pour avoir fait cette faute:

De *pas* mis avec *rien* tu fais la récidive:
C'est, comme on te l'a dit, trop d'une négative.

Rien. Cela ne fait *en rien*, cela ne fait *de rien*. Barbarismes de phrases; dites, cela ne fait *rien*, sans employer aucune préposition devant le mot *rien*, qui signifie *chose*, et *aucune chose*, quand il est précédé d'une négation.

Ripopé. Ce vin n'est que de la *ripopé*. Ce mot est masculin; dites, *du ripopé*.

Risoler. Faire rôtir. *Risoler* des marrons; dites, *rissoler*, v.: vous n'avez pas assez *rissolé* les châtaignes.

Robinet. Dites, *fouet*, s. m.

Role. L'*o* dans ce mot est long et marqué d'un accent circonflexe. On écrivoit autrefois, *roole* pour allonger la premiere syllabe. J'en dis autant du verbe *enrôler*, qui est formé du premier.

Ruelle de veau. Dites, *rouelle*.

Ruette. Petite rue; dites, *ruelle*, s. f.

S.

Sable. De la *sable* noire. Ce mot est masculin; dites, du *sable* noir. L'*a* est long, ainsi que dans *sablon*.

Sablier. Boîte dans laquelle on met du sable ou du poussier, pour sécher l'écriture; dites, *poudrier*, s. m. Le *sablier* est une horloge de verre qui mesure le temps par le moyen du sable.

Sacristaine. Celle qui, dans un monastere de filles, a soin de la sacristie; dites, *sacristine*, s. f.: j'ai remis la chasuble à la *sacristine*.

Sade. Qui a de la saveur: cette sauce est *sade*. Ce mot autrefois signifioit, *gentil*, *élégant*, dont l'opposé est *maussade*; aujourd'hui l'on dit d'un fruit, qu'il est *savoureux*, d'une sauce, qu'elle est *piquante*.

Sang. Ne prononcez pas le *g*, à moins que ce mot, ainsi que *long* et *rang*, ne soit suivi d'une voyelle, et alors le *g* se prononce comme un *c*. Suer *sang* et eau: un *rang* élevé, un *long* ouvrage.

Sans dessus dessous, *sans devant derriere*. Écrivez, *sens dessus dessous*, *sens devant derriere*; c'est-à-dire, que le *sens* de *dessus* se trouve *dessous*, et que le *sens* de *devant* se trouve *derriere*.

Sardagne. Royaume; dites et écrivez, *Sardaigne*: le Roi de *Sardaigne*.

Sarron. Mettre du *sarron* sur l'écriture; dites, *poussiere*, ou *sciûre de bois*.

Saulée. Allée plantée de saules; dites, *saussaie*, s. f. Le premier seroit plus conforme à l'analogie; mais il est moins conforme au bon usage, et l'usage est la loi suprême des langues.

Sauter en l'air. Pléonasme. On dit fort bien *sauter aux nues*, pour s'impatienter fort; mais il n'est pas permis de dire, *sauter en l'air*. Le premier mot suffit, parce que, dès qu'on *saute*, on est en l'*air*. Je conviens que *sauter en l'air* marque particulierement qu'on *saute* en s'élevant; c'est le contraire de *sauter* en bas. Je ne crois pas néanmoins que ce pléonasme soit autorisé par le bon usage.

Savoir à dire. Je vous le *saurai à dire*; dites, je vous en *informerai*.

Savourée. Herbe dont on assaisonne les sauces; dites, de la *sariette*, s. f.

Scarole. Sorte de chicorée; dites, *scariole*, s. f.: manger des *scarioles*.

Secousse. Prendre sa *secousse*, pour mieux sauter; dites, *son escousse*, s. f.

Seille. Vaisseau de bois, pour laver ou pour d'autres usages, qui a les bords fort bas; dites, *baquet*, s. m. ou *petit cuvier*. La premiere de ces dénominations est générale; mais elle n'en est pas moins vicieuse.

Sembler. Il *semble* à son pere. *Sembler*, signifie *paroître*, et non pas être semblable; dites donc, il *ressemble* à son pere.

Sens. De *sens froid*; écrivez, de *sang froid*.

Sentinelle. Celui qui fait le guet: un bon *sentinelle*. Ce mot est du genre féminin; dites, une bonne *sentinelle*. Ce mot se prend aussi pour la fonction de la sentinelle: il fait *sentinelle*.

Sentir mauvais. On dit souvent: cette personne *sent mauvaise*; cette fleur *sent bonne*. Dans ces exemples, l'adjectif devient adverbe, et ne prend ni genre, ni nombre. On abuse encore de ce mot, quand on dit: je ne peux pas *sentir* cette personne, pour faire entendre qu'on la *déteste*, qu'on ne peut pas la *voir*, ni *vivre* avec elle.

Sequelette. Une *sequelette*. Ce mot est masculin et n'a que trois syllabes; dites et prononcez, un *squelette*.

Serbatane. Long tuyau par lequel on peut jeter quelque chose en souflant; dites, *sarbacane*, s. f.

Sercler. Ôter les mauvaises herbes dites, *sarcler*, du latin, *sarrire*, *sarculum*.

Serge d'amende. Étoffe de laine, qui se fabrique à Mende; dites, *serge de Mende*.

Serment. Bois que pousse le cep; dites, *sarment*, s. m.: un fagot de *sarmens*.

Sie. Cela *sie* bien; écrivez, *sied*, et prononcez, *sioit*.

Simouille. Pâte faite avec la farine la plus fine; dites, *semoule*, s. f.: une soupe de *semoule*.

Simple. En parlant d'une herbe; plante médicinale: la centaurée est *une simple*; dites, est *un simple*, s. m.

Soi. Racine a dit:

> Jeune, charmant, traînant tous les cœurs après *soi*.

Ce vers renferme une faute contre la syntaxe de notre langue. Le pronom *soi* est indéfini, et par cela seul, ne convient pas dans une phrase où le sujet est déterminé. Il falloit mettre: traînant tous les cœurs après *lui*. Boileau est aussi tombé dans cette erreur. On dit: chacun vit pour *soi*, et l'égoïste ne vit que pour *lui*. En parlant des choses inanimées, on dit bien: la science a par *soi*-même beaucoup d'attraits: mais quand il est question d'une personne désignée, il faut employer *lui* et non pas *soi*. Corneille a commis cette faute,

> Qu'il fasse autant pour *soi*, comme j'ai fait pour *lui*.

Et Voltaire en disant:

> Ou mon amour me trompe, ou Zaïre aujourd'hui,
> Pour l'élever à *soi* descendroit jusqu'à *lui*.

Soigner quelqu'un. Le regarder passer, agir: mon fils m'a dit qu'il alloit au college; je le *soigne*, pour savoir s'il me trompe; dites, je l'*épie*, je le *guette*.

Soin. Avoir du *soin*; dites, avoir *soin*, sans employer le mot *du*.

Soiter. Faire des souhaits. Ce verbe est composé de trois syllabes qu'il faut prononcer; écrivez et prononcez, *souhaiter*, v.

Solemnel. On prononce mal la seconde syllabe de ce mot. Il faut prononcer l'*e* et l'*m* comme dans la seconde syllabe du verbe *condamner*. Dans *solemnité*, *solemniser* l'*e* et l'*m* ont le son de l'*a* bref, comme dans *femme*, *patiemment*, *négligemment*, *indifféremment*, et autres semblables.

Sôme. Dites, *ânesse*, s. f.

Son, *sa*, *ses*. Ces pronoms ne peuvent pas être employés en toute occasion, en parlant des choses. On ne dira pas, cette maison *est* bien située, et *ses* promenades *sont* belles; mais on dira, les promenades *en sont* belles. Ne dites pas non plus, cette ville est belle, j'admire *ses* bâtimens; dites, j'*en* admire *les* bâtimens. Il faudroit, pour pouvoir se servir des pronoms *son*, *sa*, *ses*, qu'ils fussent dans un même membre de phrase.

Sonnet. Terme de jeu de tric-trac; dites, *sonnez*, et prononcez l'*e* fermé, comme l'exige toujours le *z* final.

Sorcilege. Maléfice dont se servent les prétendus sorciers; dites, *sortilege*. C'est le mot *sorcier*, qui induit en erreur ceux qui disent *sorcilege*; mais il n'y a gueres que ceux qui croient à la chose, qui prononcent ainsi le mot.

Sortir. J'ai *sorti* ce matin. Le verbe *sortir* ne se conjugue avec l'auxiliaire *avoir*, que lorsqu'il a un régime simple, ou, en terme de grammaire, lorsqu'il est transitif.

Soucard. Piece de toile qu'on met à une chemise; dites, *gousset*.

Soucis. Des *soucis* noirs; poils au-dessus des yeux; dites, *sourcils*, sans prononcer l'*l*.

Souillarde. Endroit où l'on lave la vaisselle; dites, *lavoir*, s. m.: une *chambre*, une *cuisine*, un *lavoir*, à louer.

Soupoudrer. Poudrer avec du sel ou de la farine; dites, *saupoudrer*. *Saupoudrer* un poisson.

Souste; *souster*. Pour dire qu'une carte est gardée ou défendue par une autre; j'ai le roi *gardé*, *défendu* ou *soutenu*.

Soustraire. *Je soustrais*, *je soustrayois*, et non pas, *je soustraisois*. J'en dis autant de *distraire*; *je distrayois*, et non pas, *je distraisois*.

Soute. Se mettre à la *soute*; dites, se mettre à l'*abri*. Il pleut, mettez-vous à l'*abri*.

Suel. Place où l'on bat le bled; dites, *aire*, s. m.: un bel *aire*.

Suif de cheminée. Matiere noire qui s'attache au tuyau de la cheminée; dites, *suie*, s. f.: noir comme la *suie* de cheminée.

Suite. Faites cela de *suite*, pour dire sans délai. Mettre de *suite*, signifie mettre les choses à la *suite* les unes des autres; dites, tout de *suite*, qui veut dire sans retard.

Surément. Ne mettez point d'accent sur le premier *e*. Ce mot est formé de *sûr*. On met l'accent à *assurément*, parce qu'il vient *d'assuré*.

Suspente. Retranchement d'ais, soutenu en l'air, pratiqué dans une cuisine ou ailleurs, pour loger un domestique; dites, *soupente*, s. f. Le peuple, qui suit les regles de l'analogie, a fait *suspente* du mot *suspendre*.

T.

Quand cette lettre est finale, on ne la prononce pas, ordinairement; à moins qu'elle ne se lie avec la voyelle suivante. Il ne faut pas la faire sonner dans *respect*, *aspect*, *circonspect*; le *c*, même, dans ces trois mots, est nul, ainsi que dans *exact*. Le *t* ne se fait pas entendre dans *prompt*, *exempt*, *instinct*, *succint*, mais bien dans *fat* et *sot*.

> Le bruit est pour le *fat*, la plainte est pour le *sot*;
> L'honnête homme trompé s'éloigne et ne dit mot.

Le *t* se prononce aussi dans *tact*, *contact*, *zénith*, et dans le corps des mots *arithmétique*, *athlete*, mais non dans *asthme*, *asthmatique*.

Tabac. Plante originaire de l'Amérique; ne prononcez pas le *c*.

Tac. Les femmes ont le *tac* plus fin que les hommes; écrivez et prononcez, *tact*, s. m. en faisant sentir le *c* et le *t*.

Tâcher. *Tâcher que*, est une élocution vicieuse. Ce verbe demande la préposition *de*, signifiant *s'efforcer*: *tâcher* d'arriver à son but. Quand il est pris pour viser, ou pour aspirer, il est suivi de la préposition *à*.

Talent. Profession; dites, *métier*, s. m. Le mot *talent* signifie les dons de l'esprit ou une monnoie ancienne.

Tambour. Battre du *tambour*; dites, battre le *tambour* ou la *caisse*.

Tamper. *Tamper* une maison; dites, *étayer*, v.

Tandis que. Ne prononcez pas l'*s*.

Tapée. Quantité, grand nombre; c'est un vrai barbarisme; dites, *multitude*, ou servez-vous d'un terme équivalent.

Tarabate. Un enfant *tarabate*, dites, *turbulent*, *remuant*.

Taupure. Petit morceau de terre qu'une taupe éleve en creusant; dites, *taupiniere*, s. f. La *taupure* est un instrument propre à prendre les taupes.

Tel, telle; *tel que, telle que*.

Ne condamnez jamais nos sacrés potentats,
Telles que soient leurs mœurs, *tels que* soient leurs états.

Il faut: *quelles que* soient leurs mœurs, et *quels que* soient leurs états. Cette faute est fréquente dans nos écrivains modernes.

Tergette. Petite plaque de fer en forme ovale, avec un petit verrou, qu'on met aux portes et aux fenêtres, pour les fermer; dites, *targette*, s. f.: tirez la *targette*.

Termoyer. Prolonger le temps d'un payement; dites, *atermoyer*, v.: le désordre de sa fortune l'a forcé d'*atermoyer*.

Testicoter. Chicaner: ils sont toujours à se *testicoter*, pour dire, ils se *querellent* sans cesse.

Thériacle. Du *thériacle*. Ce mot est du genre féminin; dites, de la *thériaque*.

Thétiere. C'est ainsi qu'on nommoit autrefois le vase dont on se sert pour faire le thé; dites, *théïere*, s. f.

Tic. Prendre quelqu'un en *tic*, c'est-à-dire se prendre défavorablement contre quelqu'un. On dit, se prendre de *grippe* contre quelqu'un.

Tignasse. Mauvaise perruque; dites, *teignasse*, s. f.

Tisonnasse. Charbon mal cuit et qui jete de la fumée; dites, *fumeron*, s. m.

Tomber. Ce verbe ne se conjugue point avec l'auxiliaire *avoir*. Voltaire a eu tort de dire:

Où serois-je, grand Dieu! si ma crédulité
Eût tombé dans le piége à mes pas présenté.

On ne diroit pas, si la pluie *avoit tombé*, mais si la pluie *étoit tombée*. Il faut le conjuguer avec le verbe *être*.

Tonne. Berceau couvert de verdure; dites, *tonnelle*, s. f.

Toucher du clavecin, de l'orgue, du forté-piano, de l'épinette, etc. On *touche* l'orgue, le clavecin, et non de l'orgue, du clavecin; c'est-à-dire, on touche des doigts ces instrumens. Cependant l'usage l'emporte sur la logique.

Tour de main. C'est-à-dire, en aussi peu de temps, qu'il en faut pour tourner la main; dites; *tournemain*. Le *tour de main*, est un tour de subtilité et d'adresse.

Tourner. *Tourner* tout le corps; dites, *bouleverser* tout le corps.

Tourterelle. Oiseau qui hante les bois. Quand on parle de cet oiseau, comme bon à manger, on le nomme *tourtre*: servir des *tourtres*.

Tra. Ce mot est dérivé de *trabs*; dites, *solive*, s. f.

Tranchet. On dit communément d'une chose qui a été choisie avec soin, qu'elle a été triée sur le *tranchet*; dites, sur le *volet*. Le *volet* est un petit ais rond sur lequel on trie les choses menues, telles que le riz, l'orge, etc. Le *tranchet* est un outil tranchant dont les cordonniers se servent pour couper le cuir.

Transiger. Observez que la lettre *s*, dans ce mot, quoique placée entre une voyelle et une consonne, a cependant le son du *z*, ainsi que dans *transaction*, *transition*, *transitoire*, *Alsace*, *Alsacien*, *balsamine*, *balsamique*.

Traque. Cette fille est bien *traque*; dites, *vive*, *enjouée* ou *étourdie*.

Traquerie. Ce mot n'est pas françois; dites, *étourderie*, s. f.

Travers. Il y a une faute dans ce vers de Boileau:

Donner de l'encensoir *à travers* du visage.

À travers veut toujours après lui le régime direct; et *au travers* doit être suivi de la préposition *de*. Il faudroit *à travers le* visage, ou *au travers du* visage.

Traverse. On appelle *traverse*, le vent qui vient du couchant et traverse le méridien; dites, *vent d'ouest*.

Traverser le pont, la rue, pour dire, les *parcourir* dans leur longueur. Cette façon de parler ne rend pas l'idée qu'on a: *traverser* signifie parcourir l'étendue d'un lieu considéré dans sa largeur; ainsi, traverser la rue, c'est passer d'un côté à l'autre, dans le sens de la largeur. On peut parcourir une rue dans sa longueur sans la *traverser*: on *passe* le pont; on *traverse* la riviere sur le pont.

Trémontade. Cet homme a perdu la *trémontade*; pour dire, qu'il ne sait plus où il en est; dites, *tramontane*, s. f.

Trempe. Il est si mouillé qu'il est *trempe*; dites, *trempé*, participe passé du verbe *tremper*.

Trépiter. Battre des pieds contre terre; dites, *trépigner*, v.: il a *trépigné* de colere.

Tricot. Une culotte de *tricot*; c'est-à-dire, tricotée; dites, *tricotage*, soit pour marquer l'ouvrage, soit pour exprimer l'action. Un *tricot* est un bâton gros et court.

Tringue. Verge de fer; dites, *tringle*, s. f.

Tromper. Me *trompe-je*. Il est une regle en françois qui veut que l'on mette et prononce en pareil cas un accent aigu sur le premier *e*; dites donc et écrivez, *me trompé-je*. Il n'y a pas deux *e* muets de suite à la fin d'un mot.

Trompeter. Pour sonner de la trompette: *trompeter*, signifie annoncer, publier à son de trompe, ou au son de la trompette. On *trompete* les accusés décrétés de prise de corps, qui ne sont pas constitués prisonniers; et lorsqu'on veut exprimer l'action de faire rendre des sons à la trompette, on dit, *sonner* de la trompette.

Trop. Ne prononcer pas le *p*, à moins qu'il ne soit suivi d'une voyelle; j'en dis autant de *beaucoup*. L'*o* est bref, puisqu'il est suivi d'une consonne qui n'est ni l'*s*, ni l'*x*, ni le *z*; cependant la plupart des comédiens prononcent *trô*; ce qui est contre les principes et le bon usage.

Troupe. Mon fils est dans la *troupe*; dites, dans les *troupes*. On dit que tel Officier conduit bien sa *troupe*; mais il n'est pas permis de dire au singulier, j'ai été dans la *troupe*, pour dire au *service* ou dans les *troupes*.

Trousseau. Le linge, les langes, et tout ce qui est destiné pour un enfant nouveau né; c'est encore ici un abus de terme; dites, *layette*, s. f.: ce pere a fait à ses enfans une telle *layette*. Le mot *trousseau* signifie un amas de clefs. On dit, un *trousseau* de clefs. Il se dit aussi des habits, des hardes, du linge, et de tout ce qu'on donne à une fille en la mariant, elle a reçu un beau *trousseau*; mais on n'appelle pas *trousseau* les hardes d'un nourrisson.

Truffe. Plante farineuse; dites, *pomme de terre*, s. f.: des *pommes de terre* cuites au jus. La *truffe* est une autre plante qui ne pousse ni tige, ni racines. *Truffes* noires, *truffes* blanches.

Tuilliere. Lieu où l'on fabrique la tuile; dites, *tuilerie*, s. f. Le palais des Tuileries, à Paris, tire son nom d'une fabrique de tuile, qui étoit établie sur le terrain où se trouve situé ce palais.

Turlubrelu. Cet homme est *turlubrelu*; c'est-à-dire, qu'il ne prend pas garde à ce qu'il fait; dites, *hurluberlu*, ou *hurlubrelu*.

U.

Ulcere. Il a une *ulcere* maligne; c'est-à-dire une ouverture dans les chairs, causée par la corruption des humeurs. Ce mot est masculin, dites, un *ulcere* malin.

Urinoire. Vase où les malades peuvent uriner commodément; dites, *urinal*, s. m.

V.

On dit, à Lyon, je vais *en Vaise*, je vais *en Serin*, au lieu de dire: je vais au faubourg *de Vaise, de Serin*. Les noms de petits lieux ne prennent jamais la préposition *en*, mais la préposition *à*; dites donc, je vais *à Vaise*, *à Serin*, *à Bellecour*.

Vergette. Brosse pour les habits. Ce mot doit toujours être employé au pluriel: voilà d'excellentes *vergettes*.

Vernoge. Cet endroit est *vernoge*; c'est-à-dire, qu'il est humide, et que le soleil n'y donne pas. Nous n'avons point de mot en françois, qui rende ces deux idées à la fois. Il faut se servir des mots de l'explication, ou autres semblables.

Vessicatoire. Médicament qu'on met sur la peau, pour faire venir des vessies; dites, *vésicatoire*, en ne mettant et ne prononçant qu'une *s* qui a le son du *z* étant placée entre deux voyelles. Elle a cependant le son fort dans *parasol*, *entresol*, *havre-sac*, *vraisemblance*, *préséance*, *resaluer*, *présupposition*, *resaisir*, etc. La raison en est, que chacun de ces mots étant composé, le primitif a gardé le son fort.

Vêtir. On conjugue mal ce verbe. On ne doit pas dire, *je vêtis*, *tu vêtis*, *il vêtit*, *nous vêtissons*, *vous vêtissez*, *ils vêtissent*; dites, *je vêts*, *tu vêts*, *il vêt*, *nous vêtons*, *vous vêtez*, *ils vêtent*; *je vêtois*; *que je vête*; *que je vêtisse*. Le premier *e* est ouvert et marqué d'un accent circonflexe, ainsi que dans *revêtir* qui est son composé.

Vicoter. Dites, *vivoter*, v.; fournir à peine à ses besoins.

Vieille. Instrument; dites, *vielle*, s. f. en retranchant le second *i*: jouer de la *vielle*.

Vieuilliers. Fleurs dont le bouton est gros et applati, dont les unes sont blanches, marbrées, violettes et jaunes; dites, *giroflées*, s. f.: de belles *giroflées*. On appelle *violiers* les fleurs qui croissent sur les murs, et *giroflées* celles que l'on cultive dans les jardins.

Vigoureuse. Sorte de poire d'hiver; dites, *virgouleuse*, s. f.

Vilité. La *vilité* d'un prix, de la matiere, d'un cœur; dites, *vileté*, s. f., formé de l'adjectif féminin, *vile*.

Virebroquin. Outil d'artisan, qui sert à percer; dites, *vilebrequin*, s. f.

Vis. Le *vis* d'un pressoir; dites, *la vis*, s. f. L'on fait sonner l'*s*.

Vis-à-vis. *Vis-à-vis* de cette personne. Cette faute a été condamnée par Voltaire. *Vis-à-vis* ne doit jamais se prendre dans le sens d'*envers*, ni d'*à l'égard*: il est bienfaisant *vis-à-vis* de lui; dites, *à l'égard* de lui. On s'en sert dans les rapport physiques: il est logé *vis-à-vis* de votre maison.

Voilà. On confond souvent les mots *voici* et *voilà*. Ce dernier marque une chose plus éloignée, *voici*, une chose plus près: *voilà* ce que j'avais à vous dire; *voici* ce que j'ai à vous dire. Il en est de même des mots *ceci*, *cela*. *Ceci* signifie cette chose-ci; *cela*, cette chose-là.

Voir. *Voyons voir*. Ce pléonasme est absurde; le premier de ces deux mots suffit.

Vois-tu-z-en. Dites, *vois-en*.

Voui. Ce mot s'écrit et se prononce sans *v*; dites, *oui*.

Voyage de bois, de charbon. Dites, *une voie* de charbon, de bois.

Vuide. On écrit et prononce maintenant *vide*, *vider*, etc.

Vuit. Nombre; écrivez et prononcez *huit*. L'*h* est aspirée.

X.

Cette lettre se prononce diversement. Elle a le son du *cs*, dans *Alexandre*; du *gz*, dans *examen*; de l'*s*, dans *Auxonne*; du *z*, dans *sixieme*, *deuxieme*, etc. On ne doit pas la prononcer dans les mots *eux*, *ceux*, à moins qu'elle ne se lie avec une voyelle. Elle sonne comme un *s* à la fin de *six*, *dix*, si ces mots finissent le sens. Elle se fait entendre comme *cs*, dans *phénix*, *préfix*, *Astianax*.

Y.

Yeux. Cette expression donna lieu à un pari entre deux négocians. L'un deux soutint à l'autre qu'il n'étoit pas permis de dire, *entre quatre zieux*. Celui-ci prétendit que le dictionnaire de l'Académie autorisoit cette liaison pour la douceur du son. Il ouvrit le Vocabulaire, qui lui donna gain de cause. Le vaincu voulut prendre sa revanche aux dépens de quelqu'autre, et il alloit toujours répétant cette locution, en faisant une liaison défectueuse; enfin, elle fut relevée, et il renouvela son pari; mais le contestant s'y prit mieux que lui; il s'adressa à Urbain Domergue, qui décida que *quatre* n'étant jamais terminé par une *s*, on ne pouvait pas dire, *entre quatre zieux*; il ajouta qu'on ne prononçoit pas toujours toutes les lettres; mais qu'on ne faisoit jamais entendre celles qui n'étoient pas écrites. Il donna le désaveu de l'auteur du Dictionnaire, prétendu de l'Académie: et le négociant fut condamné pour avoir dit oui comme pour avoir dit non.

PRÉCIS DES REGLES DE LA PROSODIE.

Précis Des Regles de la Prosodie.

Puisque la Prosodie est l'art de donner à chaque syllabe le son et la durée qui lui sont propres, la lecture et la prononciation en supposent la connaissance. La langue françoise a ses notes, comme le chant; avec cette différence; que les ports de voix et la durée des sons notés pour le musicien, ne le sont presque jamais pour le lecteur, et lors même que nos syllabes seroient notées, qu'elles auroient leurs diezes et leurs bémols, il seroit impossible d'exprimer par des signes la durée précise du son, la douceur et la légéreté que peut donner seul un exercice habituel. La durée d'une syllabe dépend quelquefois de sa position; l'abbé d'Olivet dit que par le mot Prosodie, on entend la maniere de prononcer chaque syllabe régulierement; c'est-à-dire, de lui donner un son grave ou aigu, bref ou long.

A, pris pour la premiere lettre de l'alphabet, est long et grave; dans tout autre cas, aigu. Cette voyelle, marquée d'un accent circonflexe, est toujours grave et longue, comme dans *âge*, *râle*, *mânes*, *tâche*, *lâche*, *fâcher*, *lâcher*, *âpre*; elle est souvent longue sans accent, comme dans *sable*, *fable*, *rable*, *délabré*, *cadre*, *cable*, *accablement*, *sabre*, *flamme*, *condamner*, *damner*; l'*s*, l'*x* et le *z*, terminant un mot, rendent toujours longue cette voyelle, ainsi que les autres. D'après cette regle, la seconde personne des futurs et du passé défini, au singulier, sera longue, et la troisieme breve, *tu chanteras*, *il chantera*; *tu aimas*, *il aima*. Au commencement des mots l'*a* est ordinairement bref; il faut en excepter ceux que nous venons de citer. On le prononcera d'une maniere aigue et rapide dans *apôtre*, et toujours s'il est suivi d'une consonne redoublée, comme dans *apprendre*.

Quand une voyelle finit la syllabe, et qu'elle est suivie d'une autre voyelle, qui n'est pas l'*e* muet, la syllabe est breve, *créé*, *haïr*, *féal*, *tué*, *doué*; toute syllabe qui finit par une voyelle suivie de l'*e* muet, devient longue, comme *pluīe*, *vraīe*, *haīe*, *vīe*, *joīe*.

Quand un mot se termine par une *l* mouillée, la syllabe est breve, *bétaĭl*, *détaĭl*, *avrĭl*, *vermeĭl*, *fauteuĭl*.

La terminaison *aille* est ordinairement longue: *paīlle*, *bataīlle*, *rimaīlle*;

excepté, *il détaĭlle, il travaĭlle, il émaĭlle, médaĭlle.*

La terminaison *aillon* est breve dans *médaĭllon, détaĭllons, travaĭllons*, et longue dans *haīllon, baīllon, penaīllon, nous taīllons.*

Quand les voyelles nasales sont suivies d'une consonne qui n'est pas la leur, c'est-à-dire, qui n'est ni *m*, ni *n*, et qui commence une autre syllabe, elles rendent longues la syllabe où elles se trouvent, *jāmbe, craīnte, joīndre, hūmble.*

La terminaison *aine* est longue dans *haīne, chaīne, guaīne, traīne*, hors de là breve, *capitaĭne, fontaĭne.*

Les mots qui finissent en *aire* sont longs: une *aīre*, une *paīre, chaīre*, on *éclaīre.* Ce qui rend longues ces pénultiemes, c'est l'*e* muet final, qui étant toujours bref, demande un point d'appui pour la voix, et l'on se repose sur l'avant-derniere syllabe; cependant on prononce breves les pénultiemes suivantes, *parfaĭte, retraĭte.*

Ale, alle, toujours bref: *cigăle, scandăle, intervălle*; excepté les mots dont l'*a* prend l'accent circonflexe, comme *māle, pāle.*

Ame, toujours bref: *dăme, răme*; il en faut excepter, *āme, infāme, blāme*, et les passés définis dans ces deux personnes, nous *aimāmes, vous aimātes.*

Toute syllabe qui finit par une *r*, et qui est suivie d'une syllabe commençant par une consonne, devient breve; *bărbe, bĕrceau, ŏrdre.*

Are, long et grave: *barbāre*, je *prépāre*; mais il devient bref et aigu, si la derniere syllabe n'est pas muette: *prépăré.*

Quelle que soit la voyelle qui précede deux *r*, quand les deux ensemble ne forment qu'un son indivisible, la syllabe est toujours longue: *ārrêt, bārre, tonnērre.*

L'*s* entre deux voyelles, dont la derniere est muette, allonge la pénultieme: *bāse, diocēse, franchīse, rūse.*

Asse, ordinairement bref, excepté dans *bāsse, clāsse, chāsse*, pour les morts, *māsse*, terme de jeu, *grāsse, amāsse.*

At, long dans *bāt* de mulet, *māt, appāt*, et à la troisieme personne du subjonctif *qu'il aimāt*; bref ailleurs, il *băt, chocolăt, plăt.*

Attre, atre, bref dans *quătre, băttre*; hors de là, long, *idolātre, théātre.*

Au, long, suivi d'une syllabe muette: *aūge, aūne*, long, aussi, quand il y a une consonne après: *chaūd, chaūx*; excepté, *paŭl.*

E.

La voyelle *e*, non seulement est tantôt longue et tantôt breve, mais elle a plusieurs sons, l'*e* est muet et féminin, quand il n'a qu'un son sourd, comme dans *gloire*; cette espece d'*e* ne commence jamais un mot; il ne se trouve pas dans plusieurs syllabes de suite, à moins que ce ne soit des mots composés; ainsi que *revenir*, *redevenir*; il faut en excepter, *chevelure*, *ensevelir*; et jamais, sur-tout, à la fin du mot. C'est pour cela que les verbes dont la pénultieme est muette à l'infinitif, comme *appeler*, *concevoir*, prennent dans les temps qui finissent par l'*e* muet, ou un *e* masculin ou la diphthongue *oi*: *j'appelle*, ils *conçoivent*. Par cette même raison, quoiqu'on dise *j'aime*, on dira, *aimé-je?*

L'*e* moyen, comme dans *pere*, ne prend point d'accent, parce que cet accent seroit inutile, l'*e* ne pouvant pas se prononcer autrement; il seroit même vicieux, parce qu'il donneroit un son trop grave, comme dans *procès*.

On prononce trop ouvert le premier *e* du mot *acheve*; il est moyen à cause du voisinage de l'*e* muet. L'*e* ouvert se marque d'un accent grave, ainsi que dans *abcès*. L'*e* plus ouvert prend l'accent circonflexe qui indique suppression de lettre et allongement de syllabe, ainsi que dans *tête*. L'*e* fermé prend un accent aigu, comme dans *vérité*; si cet *e* est suivi de l'*x*, il rejette l'accent, comme dans *examen*. Dans les verbes en *er*, l'*e* se prononce fermé, et l'on ne le fait pas sentir, à moins qu'il ne soit suivi d'un mot commençant par une voyelle. Dans *item*, *amen*, *hymen*, *examen*, on fait sonner la consonne finale.

Ene, *enne*, longs dans *chēne*, *cēne*, *scēne*, *gēne*, *rēne*, *frēne*, *arēne*, *pēne*, *Athēnes*, *Diogēne*, *Mécēne*; bref et moyen dans *phénomĕne*, *ébĕne*, *étrĕnne*, *apprĕnne*, et par-tout où la consonne est redoublée.

Er, bref dans *Jupitĕr*, *Ethĕr*; *Clĕrc*; et plus ouvert dans *enfēr*, *fēr*, *mēr*, *amēr*, *hivēr*.

Esse, long dans *abēsse*, *profēsse*, *confēsse*, *prēsse*, *comprēsse*, *exprēsse*, *cēsse*, on *s'emprēsse*; hors de là, bref: *tendrĕsse*, *parĕsse*, *carĕsse*.

L'accent circonflexe rend longs et ouverts tous les *e*, comme dans *intérēt*, *arrēt*; la double consonne rend la syllabe breve, ainsi que dans *houlĕtte*, *tablĕtte*.

Euf, bref: *veŭf*, *neŭf*, un *œŭf*, un *bœŭf*. Dans tous ces mots on prononce l'*f*; mais non au pluriel dans les deux derniers; quand *neuf*, nom de nombre, est suivi d'un mot commençant par une voyelle, l'*f* sonne comme un *v*: *neuf ans*.

Eune, long dans *jeûne*, bref dans *jeune homme*. Observez que telle syllabe qui est breve, suivie d'un autre mot qui sert de point d'appui à la voix, devient longue si elle finit le sens.

Le nombre des breves et des douteuses, étant plus grand que celui des longues, nous ne parlerons que des dernieres.

I.

Ie, long d'après la regle générale: *vīe*, *saisīe*.

Ile, long dans *īle*, *huīle*, *tuīle*.

Ire; long dans les passés définis, ils *punīrent*.

Les terminaisons *île*, *îmes*, *îtes*, *ître* sont toujours longues, quand l'*i* prend un accent circonflexe, comme dans nous *dīmes*, vous *dītes*, *épītre*, etc.

O.

Quand cette voyelle commence le mot elle est breve, excepté dans *ōs*, *ōser*, *ōsier* et *ōter*, où il est ouvert et long, ainsi que dans *hōte*.

Ode, ordinairement bref.

L'*o* et l'*a* étant graves dans les mots simples, demeurent tels dans les dérivés: *grōs*, *grōssir*, *grōssier*; *grās*, *grāsseyer*; *rōse*, *rōsier*.

La syllabe *oi* a deux sons, celui de la diphthongue *oa*, comme dans *bourgeois*, *danois*; et celui de l'*e* ouvert, comme j'*étois*, je *chanterois*, un *François*, les *Anglois*.

Ole, toujours bref, excepté dans ces mots, *drōle*, *pōle*, *mōle*, *contrōle*, il *enjōle*, il *enrōle*.

Ome, *one*, long: *atōme*, *fantōme*, *prōne*. Pour les mots où la consonne est redoublée, ils suivent la regle générale.

Ore, *orre*, longs, s'ils ne sont pas terminés par un son masculin; *encōre*, *aurōre*. Quand cette voyelle est marquée d'un accent circonflexe, elle est toujours longue, comme dans *apōtre*.

U.

L'*u* suivi d'une autre voyelle finale, est toujours long, comme dans *vūe*, *cohūe*.

Ure, finissant un mot, toujours long: *murmūre*, *augūre*, *dūre*.

Usse, est long dans les verbes, comme je *pūsse*, et dans *ût*, à la troisieme personne de ce temps.

L'aspiration peut être regardée comme une partie de la Prosodie; mais elle ne regarde que l'*h*. Cette lettre est aspirée, lorsqu'elle a les propriétés de la consonne; c'est-à-dire, lorsqu'elle ne souffre ni suppression de voyelle, ni liaison de consonne. On dit sans élision, une *haquenée*, et sans liaison, des *haquenées*. Comme il n'y a point de regles à donner à cet égard, on peut consulter la liste suivante, dont tous les mots commencent par des *h* aspirées.

Ha! habler, hableur, haha, hagard, haie, haie! haillon, haîne, haïr, haire, halage, halbran, halbrener, hâle, hâler, halener, haleter, halte, hameau, hampe, hanap, hanche, hangard, hanneton, hanter, happelourde, happer, haquenée, haquet, harangue, haras, harasser, harceler, hardes, hardi, hargneux, hareng, haricot, haridelle, harnois, haro, harpailler, harpe, harper, harpie, harpon, hart, hasard, hâter, have, havresac, hausser, haut, hé! hennir, hérault, here, hérisser, hérisson, hernie, héron, héros, herse, hêtre, heurter, hibou, hic, hideux, hoc, hiérarchie, ho! hola! hobereau, hoche, hochepot, hochet, houpe, honnir, honte, holle, houblon, houille, houlette, houppe, houppelande, housard, hussard, houssaie, houspiller, houspillon, housse, housser, houssine, houssiner, hoyau, huche, hucher, huer, hulotte, humer, hume, huppe, hure, hutte.

Tous les mots dérivés des précédens conservent leur aspiration, excepté ceux de *héros*, qui sont: *héroïne*, *héroïsme*, *héroïde*, *héroïquement*. Dans *enhardir* l'*h* est aspirée, mais non pas dans *exhausser*. On aspire l'*h* du mot *Henri*, dans un discours oratoire; mais hors de là, c'est une affectation. *Hollande*, *Hollandois*, commencent par une *h* aspirée, excepté dans ces façons de parler: toile d'*hollande*, fromage d'*hollande*, qui ont passé du peuple dans le langage ordinaire. *Hongrie* s'aspire, excepté dans ces phrases: eau de la reine *d'Hongrie*, points *d'Hongrie*, etc. Quoique onze et onzieme commencent par une voyelle, on écrit sans élision l'article ou la préposition qui la précede, et l'on ne lie pas la consonne: de *onze* enfants il ne leur en reste qu'un; tous les *onze* du mois.

*   *   *   *   *

Pour l'intelligence des signes de quantité prosodique dont on va faire usage, on croit devoir avertir qu'on ne s'est point assujetti à la méthode de l'abbé d'Olivet. Quoique par son traité de Prosodie, il ait rendu un grand service à la langue, il s'en faut bien que son ouvrage ait été aussi utile qu'il eût pu l'être, s'il eût distingué l'accent prosodique de la quantité prosodique. En confondant ces deux parties, il a embrouillé la matiere. Il est bien, difficile, pour ne pas dire impossible, de comprendre, ce qu'il entend par syllabes longues, breves et douteuses.

Nous avons des voyelles graves par leur nature, et par conséquent très-longues. Leur longueur et leur gravité ne changent jamais du primitif au dérivé, quelque place qu'elles occupent dans un mot. On fait entendre également, l'*a*, l'*e* et l'*o* graves, dans m*ât*, m*â*ter, il m*â*te; dans pr*ê*t, pr*ê*ter, il pr*ê*te; dans dép*ô*t, dép*o*ser, il dép*o*se, etc. Ces voyelles sont très-longues dans tous ces mots.

Au contraire, les voyelles aiguës et les muettes deviennent moyennes, si la syllabe qui vient après commence par une consonne suivie d'une muette. La syllabe *gé*, par exemple, qui est aiguë et très-breve dans affli*gé*, est muette et breve dans affli*ge*ra. Elle est moyenne, tant pour la quantité que pour l'accent prosodique, dans ils affli*ge*rent: elle tient le milieu entre la longue et la breve, et entre l'aiguë et la grave.

L'abbé d'Olivet nomme quelquefois douteuses les voyelles qui sont moyennes quant à la qualité de la voix, et quelquefois il les nomme breves relativement aux graves, qui sont toujours très-longues. On pourroit les qualifier de longues, en les comparant aux breves, puisqu'elles tiennent le milieu, tant pour la quantité que pour la qualité, entre la grave et l'aiguë, entre la longue et la breve. Mais on peut les qualifier de moyennes, sous les deux rapports de la quantité et de l'accent: cette qualification préviendra toute équivoque.

Cela étant convenu, on avertit que les syllabes breves seront annoncées par le signe suivant (˘); les longues, par celui-ci (–); et les moyennes, par (ˇ).

Et comme, dans notre langue, nous avons beaucoup plus de breves que de longues, pour ne pas surcharger l'écriture de signes inutiles, les voyelles qui ne porteront aucun signe, seront réputées breves.

On prévient les lecteurs qu'on n'a pas pu indiquer les différentes qualités de son, parce qu'on auroit hérissé les syllabes de signes embarassans. On doit se tenir pour averti que l'article *les*, et les pronoms, *mes*, *tes*, *ses*, doivent se prononcer, comme si l'*e* étoit marqué d'un accent grave, et que la conjonction *et* se prononce comme un *e* moyen, au lieu que le verbe *est* a le son très-ouvert.

La Rose et le Buisson.

Sŭr să tĭge ĕpĭneūse, ūne rōse nāissānte,
Aīnsĭ qu'ūne beăuté, jĕune, vīve ĕt toŭchānte,
S'ēlĕvoĭt ă l'ăbrĭ d'ŭn bŭissŏn prŏtĕcteŭr,
Et dŭ sŏlĕil jămaīs n'ĕprŏuvŏit lă rĭgueŭr.
Ignoré, māis heŭreūx, ce bouton solitāire
Ouvroĭt son sein pourpré soūs l'ōmbre tŭtélaīre,
Impătient déjà d'étaler sa beăuté:
Pourquoi me retiēns-tu dāns la captivité,
Dit l'arbŭste orguĕilleūx à l'enceīnte épineūse?
Jĕ doīs, rēine dēs fleūrs, ētre la plūs heŭreūse.
La fille du printēmps, condāmnēe aūx soupīrs,
Pāsseroĭt soūs ton joug la sāison dēs plaĭsirs!
Le buĭsson lui repart, d'un ton doūx, māis sévĕre:
J'attendoīs de mēs soīns un plūs jŭste sălaīre.
Si le sŏleĭl brūlănt rĕspĕcte tă frăicheŭr,
Et si dēs aquilōns tu brăves la fūreŭr,
De mon zĕle assidu, n'ēst-ce pās là l'ouvrăge?
Et mēs bienfaīts pour toi sont payēs par l'outrăge?
Rĕprĭme ton murmūre, arbŭste ingrat, crōis-moi;
Lēs heŭres du plăisir n'ont pās sonné pour toi.
Souvent pour son mălheur, la jĕunĕsse indocĭle
S'obstĭne à repŏussĕr l'ăppŭi le plūs ŭtĭle.
Le bel āge où tu vīs ēst celui du printēmps;
Māis s'il a sēs zēphīrs, il a sēs ouragāns.
L'orgueilleūx arbrisseău s'ăigrĭt de la censūre;
S'il se tăit par dépit, en secret il murmūre.
Lōrsque le villageois, qu'appēllent sēs travāux,
Vient dēs ărbres touffūs émonder lēs rameāux;
Il menăce déjà le gardien fidĕlle;

ĕt la rōse sourĭt quand le buisson chancĕlle.
Il tŏmbe soūs lēs coūps de l'instrument fatal.
Le bouton au soleil oūvre un sein virginal.
Dāns leūrs chānts lēs oiseāux exprĭment leur hommăge.
Lēs zéphīrs du mătin agĭtent son feuillăge;
Le rōsier, dāns lēs aīrs, balancé mŏllĕmĕnt,
Répond au rossignol par son frémĭssement;
L'aŭrōre l'embĕllit de sēs pĕrles liquĭdes.
Māis, Dieu! cŏmme l'éclair lēs plăisīrs sont rapĭdes;
La chenĭlle, de loin, voit la rēine dēs fleūrs,
Accourt, rŏnge sa tĭge, ĕt fāne sēs couleūrs;
ĕt de l'ăstre du jour la chaleur dévorānte
A déjà fait tomber sa tēte languissānte:
ĕlle réclăme en vain, à son dernier moment;
De son fidĕlle ami le secoūrs bienfaisant.

ō toi, qui, par les soīns d'ŭne prudĕnte mĕre,
Coŭles tes premiers āns soūs un joug salutaīre,
Défēnds, jeŭne beăuté, le murmūre à ton cœur,
Et du bouton nāissant évĭte le mălheur.

Printed by Libri Plureos GmbH in Hamburg,
Germany